Walter Repges

Burgund

Walter Repges

Burgund

Auf den Spuren des Bernhard von Clairvaux
in Citeaux, Cluny, Taizé

Verlag Josef Knecht · Frankfurt am Main

à la mémoire de Madame Anne-Marie Sizaret

Umschlaggestaltung: Kiesewetter & Partner, Freiburg im Breisgau
Umschlagmotiv: Überreste der monumentalen Klosteranlage von Cluny.
Foto: © Erich Spiegelhalter –
Fotos im Innenteil: Wolfgang Müller, Oberried;
außer S. 89, 95, 107: Sabine Leutenegger, Wil / CH,
und S. 103: Johannes Neuhauser, Linz.

Satzbearbeitung: DTP-Studio Helmut Quilitz
Herstellung: Freiburger Graphische Betriebe 1999
Gedruckt auf umweltfreundlichem,
chlor- und säurefrei gebleichtem Papier
ISBN 3-7820-0815-4

Inhalt

Vorwort

Dieses Buch möchte zu einer dreifachen Reise einladen: zu dem, was man heute sieht, zu dem, was einst war und worauf das Heutige verweist, und schließlich zu dem, was bleibt, auch wenn die Stätten der Erinnerung ganz verschwinden sollten. Diese Stätten sind Ausgangspunkte einer religiösen Erneuerungsbewegung – im 10. Jahrhundert, im 12. Jahrhundert, im 20. Jahrhundert.

Den Anfang markiert Cluny: ein Glockenschlag, der die Welt durchhallte, ein Appell an das Gewissen der Zeit, ein Gesetz, dem sich kirchliches Leben, Politik und Baukunst beugten.

Es folgen Citeaux, der nach ihm benannte Zisterzienserorden und mit ihm Bernhard von Clairvaux, ein Mann von kaum zu begreifender Größe, dem Päpste und Könige sich fügten, der für eine Zeitlang der eigentliche Herr des Abendlandes war – und der zugleich geistliche Schriften verfaßte, deren Glut auch nach Jahrhunderten noch zu spüren ist.

Heute steht vor uns Taizé: ein Ruf nach Frieden und Versöhnung, der vornehmlich von Jugendlichen aus aller Welt vernommen und verstanden wird.

Dieses Buch ist kein Geschichtsbuch, sondern ein Reiselesebuch. Darum beginnt es nicht mit Cluny, sondern mit Citeaux, dem Ort, auf den man von Deutschland kommend zuerst stößt. Hinzu kommt die überragende Bedeutung von Bernhard von Clairvaux, die es ratsam erscheinen läßt, ihm zuerst sich zuzuwenden. Schließlich ist die Frage nach dem, was der Zisterzienserorden einst wollte und was er für Europa bedeutete, zur Stunde besonders aktuell: Vor genau 900 Jahren wurde er gegründet. Dies mag eine zusätzliche Rechtfertigung der hier gewählten Reihenfolge sein.

Dabei sei der Reisende eingeladen, zuerst Pontigny und Fontenay zu besuchen, gewissermaßen als Vorboten und steingewordene Zeugen für das, was Citeaux einst war, und die Reise mit dem Besuch der Erben von Cluny zu beschließen: Berzé-la-Ville, Paray-le-Monial, Vézelay.

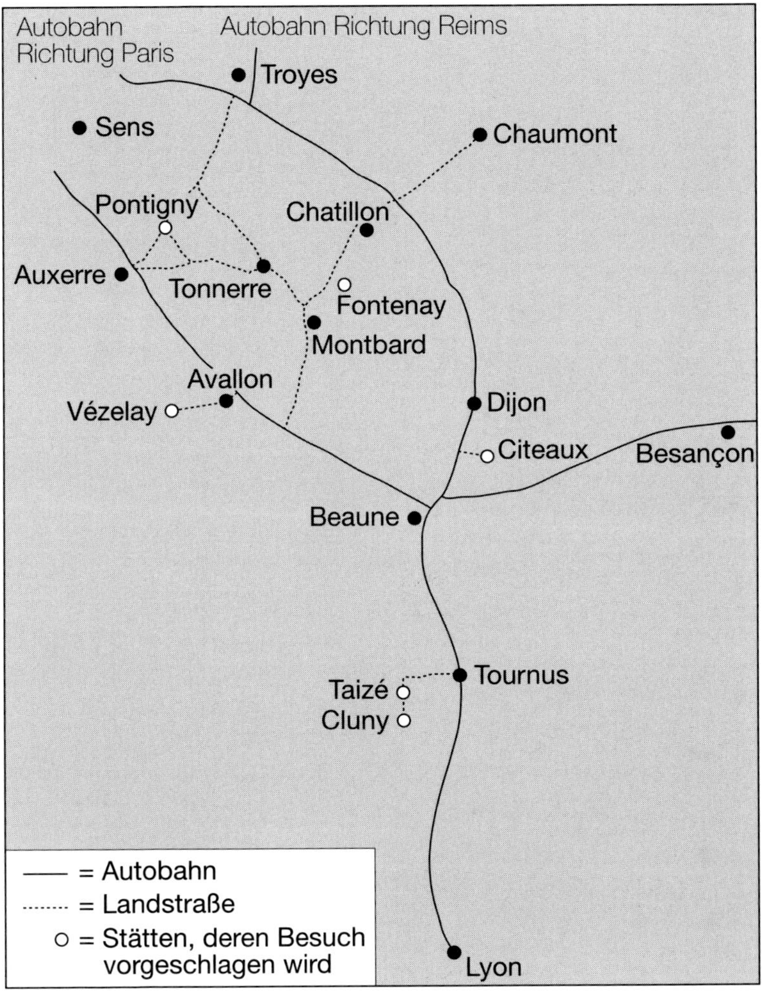
Autobahn Richtung Paris
Autobahn Richtung Reims
Troyes
Sens
Chaumont
Pontigny
Chatillon
Auxerre
Tonnerre
Fontenay
Montbard
Avallon
Vézelay
Dijon
Citeaux
Besançon
Beaune
Tournus
Taizé
Cluny
Lyon
= Autobahn
= Landstraße
○ = Stätten, deren Besuch vorgeschlagen wird

CITEAUX

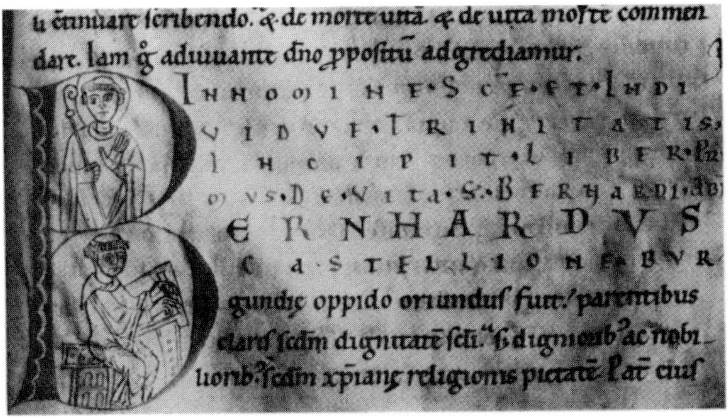

Citeaux: Intinitale B mit den Porträts des Bernhard von Clairvaux und des Guillaume de Saint-Thierry in einer Lebensbeschreibung Bernhards (12. Jh.). Zwettl, Klosterbibliothek

Auf dem Wege nach Citeaux

PONTIGNY

An der Straße, die von Troyes nach Auxerre führt, liegt – etwa 20 km vor Auxerre – das Dörfchen Pontigny. Gleich hinter der Brücke über den Serein, dort, wo rechts ein Denkmal steht, führt zur Linken eine Lindenallee zu einer beeindruckenden Basilika. Inmitten von Wiesen und Feldern ist sie gelegen: einsam, groß und schön.

Einsam – so wie die Zisterzienser ihre Klöster anlegten, fernab von dem Getriebe der Welt, der sie dienen wollten, indem sie von ihr flohen. Nicht belehren wollten sie diese, sondern für sie büßen und für sie beten.

Groß – mit 119 Metern Länge (einschließlich Vorhalle), 54 Metern Breite (sprich: Länge des Querschiffs) und 20 Metern Höhe (des Mittelschiffes) fast so groß wie die Kathedrale Notre Dame in Paris. Dabei war diese Basilika „nur" eine Klosterkirche. Aber für Benedikt, dessen Regel die Zisterzienser zur Richtschnur ihres Lebens gemacht haben, gilt der Satz: „Nichts werde dem Gottesdienst vorgezogen." Darum war es auch die Kirche – der Ort des Gebetes –, die stets als erstes gebaut wurde und so gebaut wurde, daß alle in ihr beten konnten.

Schön – nicht durch großartige Ornamente, steinerne Skulpturen, hochaufragende Türme, sondern durch Einfachheit, Nüchternheit, Klarheit. Nicht äußerliche Schönheit, die um ihrer selbst willen bewundert werden will, sondern Schönheit der Maße, der Linien, der Strukturen. Schön nicht durch das, was hinzukommt, sondern durch das, was das Bauwerk selber ist. Schön durch Verzicht – so wie der Verzicht die erste Stufe des mystischen Dreierschritts zu Gott hin ist.

Eine Abteikirche aus Licht und Klarheit

Zum Innehalten lädt die Vorhalle ein. Sie ist der Basilika an ihrer Westseite vorgelagert: als Aufforderung, allen Staub der Straße, alles Laute, Schlechte, Banale – kurz: alles von Gott Ablenkende – hinter sich zu lassen. Wie eine Schwelle ist sie. Sie übertreten heißt, sich aus der Welt des Alltags hin zu Gott begeben.

In Pontigny ist die Vorhalle nur Vorhalle, weiter nichts; gewiß eine Vorhalle, die sich über die ganze Breite der Fassade erstreckt und die auch durch Blendarkaden gegliedert ist und über der ein riesiges Spitzbogenfenster der Abendsonne gestattet, sich in das Mittelschiff der Kirche zu verströmen, und neben der zur Rechten ein zweckgebundenes graziöses Türmchen – mit Wendeltreppe im Innern – Gewölbe und Dach für Reparaturarbeiten erreichbar macht. Aber sie bleibt doch Vorhalle ohne jegliche figürliche Darstellungen, die bei den großen Kathredralen auf das hinweisen, was man aufgeben muß, oder auf das, was man zu erwarten hat. Auch ohne jeden Schmuck der Kapitelle, der zum Betrachten und damit zum Verweilen auffordern könnte. Einfach nur Durchgang. Allenfalls ein Sieb, das nur das Gute durchläßt.

Durchläßt wozu? Zu einer Kirche, die zunächst einmal durch ihre wirklich unerwartete, geradezu blendende Helle besticht. Ja, hell, von Licht durchflutet, die Nacht zurückdrängend muß die Kirche sein, will sie Haus Gottes sein. Denn Gott ist Licht, und Finsternis ist nicht in ihm (vgl. 1 Johannes 1,5). „Du hüllst dich in Licht wie in ein Kleid“, betet bewundernd der

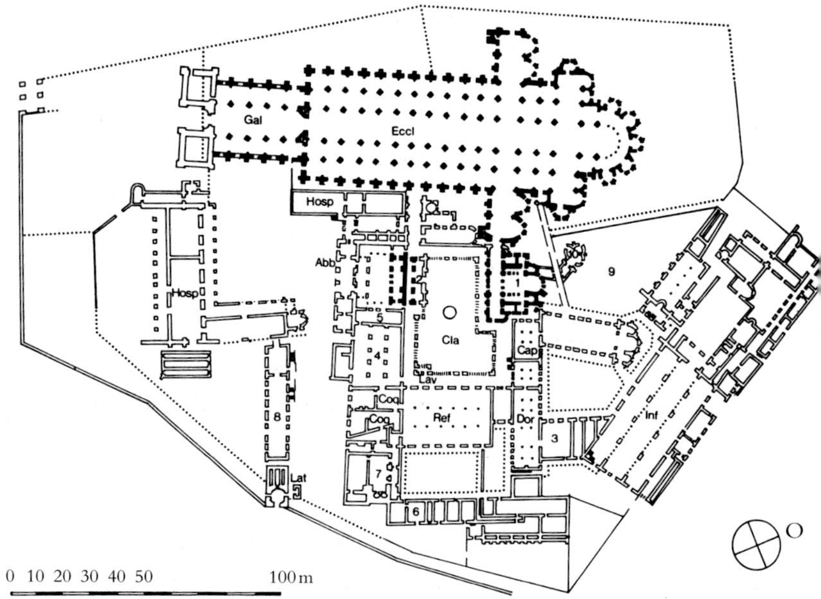

Cluny: 12. Jahrhundert
(vgl. S. 117 ff)

Psalmist (Psalm 104, 2). Und er, der als erstes Schöpfungswerk das Licht erschuf, damit auch auf Erden Licht und Helle sei, will, daß sein Licht die Menschen erleuchte, sie durchdringe, sie selber licht mache. Kinder des Lichts seid ihr und nicht der Finsternis, ja, ihr seid das Licht der Welt, lautet das geoffenbarte Wort (vgl. 1 Thessalonicher 5, 5 und Matthäus 5, 14). Die Kirche von Pontigny erinnert daran. Sie hilft, licht zu werden und das Licht hinauszutragen in die Welt. Darum darf das Licht nicht durch buntbemalte Fenster zurückgehalten oder gebrochen werden. Nur eine ganz zarte graue Tönung der Glasscheiben und unauffällige geometrische Muster sind erlaubt. Sie weisen dezent darauf hin, daß Gottes Licht mehr ist und schöner als das bloße Tageslicht.

Hell und erhellend sind auch die Wände, die Pfeiler, die Spitzbögen, die das Kreuzgratgewölbe in einzelne Joche gliedern. Keine Farbe nimmt den beigefarbenen Kalksandsteinen ihre urspüngliche Frische.

Denn das ist das zweite, wodurch diese Kirche besticht: ihre Schmucklosigkeit. Keine Malereien, keine figürlichen Darstellungen, keine Mosaike. Alles ist klar, unverfälscht, aufrichtig. Die Kapitelle lassen nur andeutungsweise Akanthus-, Muschel- oder Glockendekor erkennen und keineswegs die anderswo zu findende Verlebendigung durch wild wuchernde Pflanzen, durch Tiere, Menschen, Engel, durch Dämonen und Fabelwesen aus Fieberträumen. Denn so hatte es in der Frühzeit des Zisterzienserordens – 1134 nämlich – ein Generalkapitel, die Versammlung aller Äbte, ausdrücklich bestimmt: keine Skulpturen, keine Malereien, keine farbigen Glasfenster. Nichts darf die Aufmerksamkeit der Betenden ablenken. Nichts darf sie die Notwendigkeit der inneren Sammlung vergessen lassen. Wie Wanderer ohne Gepäck sollen sie zu Gott hingehen, eingedenk der Armut, die sie gelobt haben. Und wie sie selbst, sollen auch ihre Kirchen das Gewand der Armut tragen. Dieses aber verlangt den radikalen Verzicht auf jede zusätzliche und darum überflüssige Ausschmückung.

Was aber bleibt – und was drittens den Eintretenden besticht, ist die Form: die Klarheit der Gliederung, die Harmonie der Proportionen, die Funktionalität des ganzen Bauwerks.

Drei Längsschiffe hat die Kirche, zwei Querschiffe, eine Vorhalle im Westen und eine Apsis im Osten – macht zusammen sieben. Auch der Ordensvater Benedikt – und gewiß nicht nur er! – sprach von der geheiligten Siebenzahl, dem „septenarius sacratus numerus". Wie sollte sie auch nicht heilig sein, diese Zahl, wo doch schon das erste Buch der Bibel dem Weltenschöpfer genau sieben Tage zuerkennt, um Himmel und Erde und Meer zu erschaffen! Gestützt auf den Psalmisten (Psalm 119, 164) will Benedikt, daß siebenmal am Tage im liturgischen Dienst das Lob des Herrn erklinge. So liegt es nahe, in Pontigny gerade in dem Raum, der dem Gebet geweiht ist, diese heilige Siebenzahl wiederzufinden. Sieben Joche (mit Kreuzrippengewölben) hat das Mittelschiff, je sieben Joche haben die beiden Seitenschiffe, sieben Joche haben die beiden Querschiffe zusammen mit der sie verbindenden Vierung. Und anfänglich waren es auf jeder Seite jeweils sieben Seitenkapellen, die sich auf die Querschiffe hin öffneten. Als man dann gegen Ende des zwölften Jahrhunderts der ursprünglichen schlichten Geradlinigkeit der Apsis einen polygonalen Chorumgang hinzufügte, waren es wiederum sieben Seitenkapellen, die man neu errichtete und strahlenförmig um den Umgang legte. Sie bewirkten, daß nun dem Chorhaupt ein siebenseitiger Grundriß zugrunde liegt, und zwar sowohl hinsichtlich der inneren Linie des Chorumgangs als auch hinsichtlich der Linie der Außenmauern, und daß diese Außenmauern von sieben Fenstern durchbrochen werden.

Pontigny: Die Abteikirche
mit nachträglich errichtetem Rundchor (11 Radialkapellen)

Ein weiteres, durchgängiges Motiv durfte nicht fehlen: das Kreuz. Kreuzförmig ist der Grundriß, auf dem die Pfeiler stehen. Kreuzgratgewölbe sind es, die die einzelnen Joche überspannen. Ein Kreuzrippengewölbe befindet sich über der Vierung.

Diese Vierung ist der Brennpunkt, auf den alles zuläuft, das Zentrum, das – etwas höher liegend als das Kirchenschiff – dazu da ist, Himmel und Erde miteinander zu verbinden und so der Erwartung des Endlichen nach dem Unendlichen Ausdruck zu verleihen. Fast quadratisch ist diese Vierung – so wie es auch der heute nur noch in kümmerlichen Resten vorhandene Kreuzgang einmal war. Nur fast quadratisch. 12,25 mal 12,75 Meter mißt ihre Grundfläche, und das nicht etwa nur aus Versehen, sondern bewußt, aus Ehrfurcht und Bescheidenheit. Denn genau quadratisch ist die Stadt Gottes, von der das letzte Buch der Bibel – die Geheime Offenbarung – in seinem 21. Kapitel schreibt, daß sie viereckig angelegt sei, ebenso lang wie breit.

Funktional ist diese Kirche, weil jeder einzelne Pfeiler, weil jedes der drei Längsschiffe, weil auch die Mauer aus enggefügten, glatt behauenen Steinen, die Blicke und die Schritte des Eintretenden unweigerlich nach vorne lockt, hin zu dem Ort des heiligen Geschehens, und darüber hinaus und dieses erklärend und verklärend hin zu dem Licht, das als erstes jeden Morgen neu vom Osten her in die Kirche einströmt und alle Angst zerstreut, vom Osten her, wo die Sonne aufgeht und von woher Christus wiederkehren wird, um den endgültigen Sieg des Guten über das Böse zu verkünden. Ihn zu erwarten, auf ihn zu hoffen, auf ihn ausgerichtet zu sein, soll Aufgabe – Funktion – dieses Gotteshauses wie der ganzen Mönchsgemeinschaft, ja der ganzen Christenheit sein.

Geschichte und Geschicke

Gegründet wurde Pontigny im Jahre 1114 von Citeaux aus, dem Mutterkloster des Zisterzienserordens. Der Mönche, die dort eintreten wollten, waren so viele, daß man sich zur Gründung neuer Klöster entschließen mußte – eine Entwicklung, die mit der Errichtung von Klöstern von Citeaux aus nicht abschloß. Vielmehr gingen auch aus Pontigny selbst weitere Tochterklöster hervor – das erste schon 1119 – und von diesen abermals Tochter- (bzw., wenn man so will, Enkel-)Klöster. Schließlich – nach etwa 100 Jahren – waren es 43 Klöster, die ihren Ursprung von Pontigny herleiteten.

Schenkungen des Grafen der Champagne ermöglichten es, 1137 zunächst mit dem Bau einer steinernen Kirche und sodann der übrigen Klosteranlagen zu beginnen. Diese Kirche sollte eine der schönsten und größten des Ordens werden – und den Ruhm Pontignys mitbegründen. Doch nicht allein diese Kirche; immerhin wurden drei Äbte und ein „gewöhnlicher" Mönch von Pontigny Bischöfe in den umliegenden Diözesen.

Pontigny öffnete zudem seine Tore verschiedenen Erzbischöfen von Canterbury, die vor den Launen (und dem Haß) des englischen Königs geflohen waren. Einer von ihnen war Thomas Becket. Allen Warnungen zum Trotz kehrte er nach England zurück. Die Schergen König Heinrichs II. ermordeten ihn 1170 in seiner eigenen Kathedrale. Ein anderer – Stephan Langton – konnte nach mehrjährigem Exil unbehelligt nach Canterbury zurückkehren. Ein dritter – Edmund Rich – starb 1240 auf dem Wege nach Pontigny, das er zwei Jahre zuvor schon einmal aufgesucht hatte. Er wurde 1246 heiliggesprochen. Seine sterblichen Reste fanden in der Abteikirche ihre Ruhestatt. Sie sind bis heute Ziel zahlreicher Wallfahrten. Die Abtei selbst wählte ihn – den die Franzosen als Saint Edme anrufen – zu ihrem Schutzpatron.

Ländereien und Gebäude des Klosters erlitten Verwüstungen im Hundertjährigen Krieg (zwischen England und Frankreich) und in den Religionskriegen des 16. Jahrhunderts. Doch die Äbte fanden immer wieder die Kraft (und die Mittel), Schäden zu beseitigen und darüber hinaus zusätzliche Gebäude zu errichten. Auch das Chorgestühl kam erst später (im 17. und 18. Jahrhundert) hinzu. Es wirkt – wenn wundert es! – auf jeden Eintretenden zunächst einmal befremdlich, ja störend. Der Eingang in die Kirche befindet sich, von der Vorhalle kommend, jedoch zum Glück nicht am Beginn des Hauptschiffes, sondern des linken Seitenschiffes. So kann der Blick sogleich ungehindert bis zur Apsis und zum Chorumgang schweifen.

Die französische Revolution brachte das Ende der Abtei. Die Klosteranlagen wurden zum Abbruch freigegeben. Die Abteikirche selbst entging diesem Schicksal, ebenfalls das Gebäude, in dem Schlafsaal, Speisesaal und Vorratsraum der Laienbrüder waren, sowie ein aus einem einzigen Kalksteinblock gehauenes Brunnenbecken von 3,38 m Durchmesser. Es stand im Kreuzgang gegenüber dem Refektorium, als Waschgelegenheit für die Mönche.

Die Abteikirche wurde Pfarrkirche. Die wenigen erhaltenen sonstigen Gebäude (bzw. Gebäudereste) dienten von 1842 bis 1903 den „Pères de St. Edme" als Mutterhaus. In diesem Jahrhundert wurden sie von dem Philosophen Paul Desjardins erworben und zu einem Zentrum für internationale kulturelle Begegnungen umfunktioniert. Von 1906 bis 1940 organisierte Desjardins dort die „Entretiens de Pontigny", Treffen, die durch die Teilnahme von Persönlichkeiten wie Thomas Mann, André Gide und T. S. Eliot eine gewisse Berühmtheit erlangten. Später – nach dem Tode von Desjardins – beherbergte die Abtei (bzw. das, was davon übriggeblieben war) mehrere Jahre lang zunächst ein franko-amerikanisches Studienkolleg der „Pères de Saint Edme" (1947–

1954), sodann (1954–1967) das Seminar der „Mission de France" und schließlich (seit 1968) ein Berufsbildungszentrum für Körperbehinderte.

Im Osten der Kirche schließt sich jetzt der Gemeindefriedhof an. Es lohnt sich, an diesem entlang den Feldweg weiterzugehen und dann vom Südosten her einen Blick auf die nach wie vor imposante Abteikirche zu werfen mit ihren charakteristischen Strebepfeilern, die Kirchenschiff und Apsis von außen stützen.

FONTENAY

Von Pontigny führt der Weg zunächst über Tonnerre nach Montbard und von dort zu dem nur 2 km entfernten Marmagne. Von hier aus sind es über die D 32 noch weitere 4 km zu der Abtei Fontenay. Sie liegt ganz am Ende eines von hohen Bäumen umsäumten Weges.

Schönheit auf einfachstem und ehrlichstem Weg

Fontenay ist die am besten erhaltene Zisterzienserabtei. Fachleute rühmen sie gar als die schönste. Mehrere Generationen suchten sie nachzuahmen und schufen Hunderte von Gebäuden, die alle Fontenay ähnelten. Nicht von ungefähr gehört die Abtei Fontenay seit 1981 zum Weltkulturerbe der UNESCO.

„Wenn man den Sinn und die Schönheit von Fontenay erfassen will, muß man sich ihm Schritt für Schritt auf Waldpfaden, im Oktoberregen, durch Dornengestrüpp und Sumpflöcher mühevoll nähern." So empfiehlt es Georges Duby (1), und er zitiert aus dem „Kleinen Exordium von Citeaux": „Sobald sie (die Zisterzienser) das Dickicht aus Gehölz und Dornengestrüpp beschnitten und zurückgedrängt hatten, begannen sie, an eben diesem Ort das Kloster zu bauen" (2). Das Kloster wird so zum Zeichen der Überwindung des Dunkels durch die Helle, des Bösen durch das Gute, des Chaos durch den Kosmos – für Henry Paul Eydoux Grund genug zu der Feststellung: „Die Zisterzienserbauten gehören zu den schönsten Bauwerken des 12. Jahrhunderts und erreichen diese Schönheit auf dem einfachsten und ehrlichsten Wege." Und er fügt hinzu: „sie – die Zisterzienser – haben auf alles verzichtet, außer auf die Kunst, gut zu bauen" (3).

In späteren Jahrhunderten wurde das Kloster Fontenay von einer hohen Mauer umgeben – zum Schutz gegen Eindringlinge. Mit diesen und den von ihnen angerichteten Verwüstungen hatte man vor allem während des Hundertjährigen Krieges und während der Religionskriege sattsam Bekanntschaft gemacht. Heute geht man daher zunächst durch eine Klosterpforte – und ist irritiert. Zur Rechten erhebt sich nämlich deutlich sichtbar ein Bau, von dem man geneigt ist, ihn für eine Kirche, vielleicht sogar die eigentliche Abteikirche zu halten. Handwerklich so perfekt ist er und durch die Schlichtheit seiner Form ebenso imponierend wie die übrigen Gebäude der Klosteranlage. Und tatsächlich gibt es Aufnahmen, die diesen Bau als die Abteikirche von Fontenay vorstellen. Aber er ist sie nicht. Er ist schlicht und einfach eine Schmiede. Das eben ist Fontenay: ob Schmiede, ob Kelter, ob Kornspeicher – alles ist seinem Zweck optimal angepaßt, schmucklos, nur das, was es ist, und dazu, wozu es erbaut wurde, mehr nicht – und eben deshalb so schön wie die Kirche selbst.

Daß damals – im 12. Jahrhundert – schon eine Schmiede bestand, bestätigt, daß die Zisterzienser zu den ersten gehörten, die zum tieferen Umpflügen des Bodens das Eisen benutzten und überhaupt in der Metallverarbeitung an der Spitze der Entwicklung standen, sich darum auch nicht nur Land, sondern ebenfalls Eisenerzgruben von den Fürsten übertragen bzw. schenken ließen.

Zur Linken sieht man die ganze Klosteranlage mit Kreuzgang, Kapitelsaal, Schreibsaal, Schlafsaal, Küche, Wärmehalle (dem einzigen Raum, der geheizt war und in dem die Mönche sich im Winter aufwärmen konnten!) – eben allem, was dazugehört. Alles dies, so Georges Duby, „wurde mit der gleichen Aufmerksamkeit behandelt, mit der gleichen Sorge um Strenge, um Harmonie, um Vollkommenheit in der Ent-

11 Fenster

Abtei Fontenay

4: Ströme des Paradieses
4 Evangelisten
4 Kardinaltug
3 3x heilig ist Go

sagung, um Übereinstimmung zwischen Form und Funktion, der jene Schönheit entspringt, die dem Betrachter beim Anblick der von Zisterziensern errichteten Kirchen, Kreuzgänge, Schlafsäle oder Scheunen den Atem verschlägt" (4).

Am nördlichen Rand, unmittelbar hinter dem Kreuzgang, befindet sich die Abteikirche: ohne Turm oder Dachreiter, die den Blick auf sich lenken könnten, dazu mit einem Dach, das nicht höher ist als das Dach der Schmiede oder das Dach des Kornspeichers. Birgt es doch das Haus, in dem die Mönche das Lob dessen singen, der in allem den Menschen gleich geworden ist, der es ablehnte, Meister genannt zu werden, in dem Gott selbst nichts anderes sein wollte als aller Menschen Bruder.

Für die Mönche ist die Kirche vom Kreuzgang aus zugänglich. Für die „Weltleute" befindet sich das Portal an der Westfront. Ursprünglich war ihm eine Vorhalle vorangestellt – als Übergang von der Welt des Lärms in die Welt der Stille. Heute sieht man nur die durch ihre Schlichtheit beeindruckende Fassade – und man sieht sie am besten, wenn man nicht unmittelbar davor steht, sondern außerhalb der Klostermauern den Weg begeht, der Richtung Norden hügelaufwärts führt. Von dort aus fällt der Blick auf die Westfassade und auf die Nordseite der Kirche – und auf deren glitzerndes Spiegelbild in dem (künstlichen) See zu ihrer Linken.

Ganz ohne bauplastischen Schmuck ist sie, die Fassade, lediglich die Gliederung der Kirche in ein Haupt- und zwei Nebenschiffe anzeigend und gleich zweimal die heilige Zahl sieben erkennen lassend – und diese jeweils unterteilt in die ebenfalls heiligen Zahlen vier und drei. Vier ist die Zahl der Ströme, die das Paradies umflossen. Vier ist die Zahl der Evangelisten. Vier ist die Zahl der Kardinaltugenden. Und drei mal heilig ist der Gott, den die Christen verehren. Ist er doch Lieben und Sich-lieben-Lassen und zugleich der Kuß, der die beiden in gegenseitiger Liebe sich verzehren läßt.

Hier, am Eingangsportal, sind es vier Säulen – an jeder Seite zwei –, die drei das Portal überwölbende Rundstäbe tragen. Über dem Gesims, das die Fassade unterteilt, und zwischen zwei Strebepfeilern sehen wir zunächst vier und darüber noch einmal drei Rundbogenfenster nebeneinander gereiht. Sie sind es, die in ihrer Siebenzahl das Kircheninnere erhellen und den, der die Kirche verläßt, erneut dem Licht entgegenschreiten lassen.

Dem Licht entgegen schreitet man aber zunächst und vor allen Dingen beim Eintritt in die Kirche. Die gegenüberliegende Ostfassade ist von nicht weniger als elf Fenstern durchbrochen, in zwei übereinanderliegenden Reihen zweimal drei am Ende der geradlinigen Apsis und fünf darüber, am Ende des eigentlichen Kirchenschiffs – gewissermaßen als deren Krönung.

Auch die Zahlen zwei und fünf sind heilig und von symbolischer Bedeutung. Heilig ist die zwei. Denn seit es Schöpfung gibt, gibt es Schöpfer und Geschöpf – und in dem menschgewordenen Gott finden wir sie vereint: die Natur des anfanglosen Schöpfers und die Natur des Geschöpfes, das einmal angefangen hat, aber dazu bestimmt ist, von dem Anfanglosen aufgenommen und seiner Natur teilhaftig zu werden.

Heilig ist die fünf. Erinnert sie doch an die fünf Wunden Christi, die er – wie alles Leid dieser Welt – mit hineingenommen hat in seine Auferstehung und Verklärung, damit sie nun – als verklärte – Edelsteinen gleich erstrahlen und jeden erleuchten, der die Kirche betritt und voller Hoffnung und banger Erwartung nach Osten schaut.

So also erleuchtet Gott den Einretenden und ihm Entgegenkommenden:

dadurch, daß er ist und daß er so ist, wie er ist – dreifaltig einer,

dadurch, daß er – zwei Naturen in sich vereinend – Mensch geworden ist,
und durch seine verklärten fünf Wunden.

Zu den Fenstern der Ostfront kommen die Fenster der Querschiffarme und der Seitenschiffe. Sie schaffen gemeinsam das Licht, das den Beter umfängt und Gottes Kind sein, ja zu Licht vom Lichte werden lassen will.

Die Anordnung des Lichteinfalls wie auch der Bögen ist von der großen Basilika von Cluny beeinflußt – Cluny, von dem die Zisterzienser sich eigentlich absetzen wollten. Sie taten es, indem sie es auf das Eigentliche reduzierten und wegließen, was ihnen überflüssig schien. Weggefallen ist darum auch der Chorumgang – Pontigny hatte ihn Ende des 12. Jahrhunderts hinzugefügt. Die Apsis in Fontenay zeigt noch heute ihre ursprüngliche Geradlinigkeit. Geblieben sind aber von dem Vorbild Cluny der kreuzförmige Grundriß (natürlich!), die Spitztonnengewölbe über Mittelschiff, Chor und Seitenschiffen sowie die Pfeiler (vom Eingang bis zur Vierung sieben (!) auf jeder Seite), Arkaden und Strebepfeiler aus schönem weißem Haustein. Wie die Anrufungen einer Litanei wirken sie – so gleichförmig und so zum Weitergehen einladend.

Nüchtern, ja demütig ist das so entstandene Bauwerk – ganz im Sinne Bernhards von Clairvaux, der für die prunkvoll dekorierte Abteikirche in Saint-Denis nichts als Schmähworte übrig hatte: „Oh Eitelkeit der Eitelkeiten, doch mehr noch Wahn als Eitelkeit! Die Kirche glitzert von allen Seiten, doch die Armen sind völlig entblößt; ihre Steine sind mit Goldstücken bedeckt, doch ihre Kinder entbehren der Kleider; die Liebhaber finden in der Kirche alles, ihre Neugier zu befriedigen, doch die Armen finden nichts, ihr Elend zu lindern" (5) – ganz im Sinne des Ordensvaters Benedikt. Schreibt er doch im 52. Kapitel seiner Regel: „Das

Oratorium sei, was sein Name besagt, Haus des Gebetes. Nichts anderes werde dort getan oder aufbewahrt."

Am Ende des 13. Jahrhunderts, vielleicht auch erst zu Beginn des 14. Jahrhunderts, jedenfalls zu einer Zeit, da Bernhard von Clairvaux, der unerbittliche Mahner zu Schmucklosigkeit und Kargheit, schon mehr als 100 Jahre tot war, gestatteten die Mönche von Fontenay sich zwei Meisterwerke französischer Bildhauerei, von denen Bernhard gesagt hätte, daß sie eher vom Eigentlichen ablenken als zu ihm hinführen. Es handelt sich um eine (ursprünglich bemalte) Steinstatue „Unserer lieben Frau von Fontenay", aufgestellt im nördlichen Querschiff, und ein dreiteiliges steinernes Retabel an der Rückwand des Altarraumes. Es zeigt im mittleren Teil den Gekreuzigten und an seinen Seiten die Kirche und die Synagoge.

Eines entdeckt man noch im rechten Querschiff und dort an der rechten Seite: eine steinerne Treppe. Sie führt direkt zum Schlafsaal der Mönche. So konnten sie zum nächtlichen Psalmengesang unmittelbar in die Kirche eilen, während ihnen tagsüber der Eingang vom Kreuzgang her offenstand.

Einen Glockenturm hat die Abteikirche nicht. 1157 hatte das Generalkapitel der Zisterzienser einen solchen ausdrücklich verboten. Er wäre Zeichen des Willens, sich über andere zu erheben, und damit eines Hochmuts, der sich für Mönche nicht ziemt.

An der südlichen Seite der Basilika schließt sich der Kreuzgang an, Zentrum des geschlossenen Universums, das die ganze Klosteranlage bildet, Sinnbild der Zurückgezogenheit und Einladung zum Umherwandeln, zum Meditieren, zur inneren Einkehr. Er blieb unversehrt erhalten. In der Kirche war die Skulptur an Kapitellen, Pfeilern und Basen auf ein Minimum reduziert. Hier aber, wo sich alles der freien Natur und den vier Himmelsrichtungen öffnet, ist der Blatt-

Fontenay: Kreuzgang

schmuck der Kapitelle schon lebhafter. Und Kapitelle gibt es in Fülle. Werden doch die zum Innenhof den Blick freigebenden Rundbögen – auf jeder der vier Seiten sind es 16, also 4 mal 4 – jeweils von Zwillingssäulen getragen. Gleichzeitig tragen diese Säulen an der Westseite ein Kreuzgratgewölbe und an den drei anderen Seiten Tonnengewölbe.

Viereckig ist der Kreuzgang – natürlich – , aber auch hier bewußt (und nicht etwa aus Versehen oder Nachlässigkeit) nicht ganz quadratisch. 38 mal 36 Meter mißt er. Er will ja nur Hinweis auf das himmlische Jerusalem sein, nicht dieses selbst.

An der östlichen Seite des Kreuzgangs befindet sich der Kapitelsaal, in dem sich Abt und Mönche täglich versammelten. Er war urspünglich quadratisch. Gegliedert war er in dreimal drei Joche mit Kreuzrippengewölben, getragen von den Außenwänden und vier Pfeilern. Doch die drei östlichen, also an der dem Kreuzgang entgegengesetzten Seite gelegenen Joche fielen im 15. Jahrhundert einem Brand zum Opfer.

An den Kapitelsaal schließt sich der Schreibsaal – das Skriptorium – an. Er wird von einem mächtigen Kreuzrippengewölbe überspannt. Die Größe dieser 30 Meter langen Werkstatt der Schreiber- und Malermönche läßt den Stellenwert erahnen, den man in Fontenay der Buchkunst beimaß.

In dem Geschoß über Kapitelsaal und Schreibstube liegt der 56 Meter lange Schlafsaal der Mönche.

Außerhalb der eigentlichen Klosteranlagen befinden sich links und rechts von der Eingangspforte noch zwei Gebäude. Das eine (links) dient noch heute als Bäckerei. Früher beherbergte es zudem die Kapelle der Fremden. Es stammt aus dem 13. Jahrhundert. Das andere (rechts, aus dem 12. Jahrhundert stammend) ist heute Wirtschaftsgebäude für einen benachbarten Bauernhof.

Geschichte und Geschicke

Gegründet wurde die Abtei Fontenay im Jahre 1119. Dreizehn Mönche – der zukünftige Abt und zwölf „Apostel" – zogen hierhin, und zwar von Clairvaux aus, dessen Abt Bernhard war. Verwandte von ihm hatten für das neue Kloster Land geschenkt. 1139 begann man mit dem Bau der Abteikirche. Bereits 1147 konnte sie eingeweiht werden, und zwar durch Papst Eugen III., der selber, bevor er nach Rom gerufen wurde, Zisterziensermönch gewesen war, und das in der Abtei Clairvaux. Zehn Kardinäle begleiteten ihn, acht Bischöfe und zahlreiche Zisterzienseräbte, ein Aufwand, der sicherlich nicht im Sinne Bernhards war.

Ermöglicht hatte diesen Bau die Großzügigkeit des Grafen der Champagne – der sich auch Pontigny gegenüber genau so großzügig zeigte – sowie eine Schenkung des englischen Bischofs Ebrard von Norwich. Auf der Flucht vor Verfolgung hatte dieser in Fontenay Aufnahme gefunden. Hier ereilte ihn auch der Tod. Sein Grab befindet sich in der Kirche vor dem Hauptaltar.

Die Französische Revolution brachte das vorläufige Ende. Die Mönche wurden vertrieben, die Gebäude zunächst verstaatlicht und dann verkauft. Ein Papierfabrikant erwarb sie. Bis 1906 war Fontenay eine Papierfabrik! Danach fand es in Edouard Aynard einen neuen Eigentümer. Dieser ließ alles von Grund auf restaurieren und fand in Sohn, Enkel und Urenkel willige und begeisterte Fortführer seines Wunsches, die Klosteranlagen zu erhalten. Heute haben sie wieder das ursprüngliche Aussehen. Allerdings gehören dazu auch die stehengebliebenen späteren Zutaten wie Hundezwinger, Taubenschlag, Gefängnis und schließlich auch das Wohnhaus der seit 1547 vom französischen König ernannten insgesamt vierzehn Laienäbte, die das Kloster wie weltliche Fürsten regierten und auf ihre Weise mit dem Ruin entgegenführten.

Es ist gewiß nur die Schale, die von Fontenay übriggeblieben ist. Die gelegentlichen Konzerte, Tagungen, Ausstellungen können das einstige Beten und Arbeiten der Mönche nie ersetzen. Aber es ist eine Schale, die spricht und anspricht. Hat sie doch den Glanz einfacher, nüchterner, rein funktionaler Strukturen bewahrt, die klar (und schön!) sind wie die Sätze eines mathematischen Beweises.

Citeaux und die Zisterzienser

Citeaux heute

Etwa 20 km südlich von Dijon und etwa 15 km nördlich von Beaune: Man verläßt die Autobahn A 31 (oder die Nationalstraße N 74) bei Nuits-Saint-Georges. Schilder weisen den Weg durch die Ebene zwischen dem rechten Saône-Ufer und der Côte d'Or: Agencourt, St.- Nicolas-les-Citeaux, La Borde und dann Abbaye de Citeaux – inmitten von Wiesen, Feldern, Wäldern, am Ende der Welt, alles platt, öde, ohne Reiz, so recht die Gegend für eine Niederlassung der Zisterzienser.

Zur Linken sieht man, wenn man auf die Abtei zufährt, die noch erhaltenen Reste eines Gebäudes. Es könnte eine Kirche gewesen sein, war es aber nicht. Es war einmal eine Bibliothek mit vielen tausend Büchern. Erbaut wurde sie im 15. Jahrhundert.

Weiter im Hintergrund erhebt sich ein anderes Gebäude, eine Scheuer, zweigeschossig, so groß etwa wie die Bibliothek. Und schließlich steht da noch quergelagert ein drittes Gebäude, schmal, hochgereckt und langgestreckt, ebenmäßig, einer Kaserne ähnlicher als einem Kloster: ein 100 Meter langer neoklassizistischer Bau aus der zweiten Hälfte des 18. Jahrhunderts. Damals schien den Mönchen das alte mittelalterliche Gemäuer nicht mehr gut genug. Sie wollten etwas Besseres. So begannen sie mit dem Bau einer neuen Abtei, vollendeten aber nur deren nördlichen Flügel. Geld hatten sie genug: Pacht und Einnahmen von 11 000 (elftausend) Hektar Land.

Heute ist eben dieses das Haus der Mönche. Hier wohnen und arbeiten sie – sofern sie nicht auf dem Felde oder in den Stallungen arbeiten, die man ebenfalls gewahrt, erst recht, wenn man bis zur Abteikirche fährt. Denn die Landwirtschaft ist heute ihre Haupteinnahmequelle, speziell die Weidewirtschaft und damit verbunden die Milch- und Käseproduktion. Sie ist so ergiebig, daß der Erlös die Mönche von Citeaux in die Lage versetzt, auch andere, weniger begüterte Zisterzienserabteien finanziell zu unterstützen.

Zur Abteikirche? Eine schmucke moderne Kirche steht da. Sie lädt zum Betreten ein. Man geht hinein und ist verblüfft: hell, freundlich, geradlinig – als wäre sie eben erst erbaut.

In gewisser Weise stimmt das auch. Die alte Abteikirche aus dem 12. Jahrhundert gibt es ohnehin nicht mehr. Gegen 1130 hatte man mit ihrem Bau begonnen, 1140 oder 1150 stand sie da: ein neunjochiges Schiff mit Vorhalle und weiträumigem Querschiff. Später – gegen Ende des 12. Jahrhunderts – kam noch ein größerer Chorraum mit rechteckigem Chorumgang hinzu. Die Kirche maß damit beinahe 100 Meter Länge.

Das alles ist nicht mehr. Es wurde Opfer der Französischen Revolution von 1789. Die Mönche mußten gehen. Gebäude, Land, Vieh – einfach alles wurde Staatseigentum und wenige Jahre später zugunsten der Staatskasse dem Meistbietenden verkauft bzw. zum Abbruch freigegeben. Die Kirche wurde dabei restlos abgetragen, die mehr als 10 000 Bände der Bibliothek verschleudert, die übrigen Gebäude dem Verfall preisgegeben.

Was übrig blieb an Land und an Gebäuden, fand einen Käufer, der es landwirtschaftlich nutzte und sogar eine Zuckerfabrik installierte. Es folgte (seit 1842) ein Genossenschaftsbetrieb, errichtet und betrieben nach den Ideen des französischen Sozialphilosphen Charles Fourier, eines utopi-

Der Abt als Kirchenstifter – Skultpur, 12. Jh.;
La Bussière-sur-Ouche, Burgund

schen Sozialisten, wie man ihn nannte. Das Experiment scheiterte nach wenigen Jahren. Citeaux wurde Strafvollzugsanstalt und schließlich Heim zur Erziehung und Resozialisierung von jugendlichen Delinquenten, auch einfach zur Betreuung von Waisenkindern. Als ein Geistlicher aus Dijon – Abbé Joseph Rey – die Leitung dieser Anstalt übernommen hatte, ließ er für die immerhin zeitweise 600 Bewohner dieses Anwesens eine Kirche erbauen. 1862 war sie nach nur zweijähriger Bauzeit fertig.

Im zwanzigsten Jahrhundert – als die Zisterzienser wieder eingezogen waren – wurde sie gründlich überholt und den geänderten Bedürfnissen angepaßt. 1970 weihte der Bischof von Dijon die erneuerte Kirche ein. Sie ist aber nicht nur Mönchskirche. Jedem steht sie offen, der hier beten oder die Liturgie und das tägliche Offizium der Mönche mitfeiern oder sich schlicht über dieses schöne Gotteshaus freuen möchte.

Erneut „auf Hochglanz gebracht" wurde diese Kirche in den neunziger Jahren des 20. Jahrhunderts, und zwar im Hinblick auf das doppelte Jubiläumsjahr 1998: 900 Jahre sind verstrichen seit der Gründung von Citeaux und genau 100 Jahre seit dem Wiedereinzug der Zisterziensermönche. Eine Wohltäterin –Baronin von La Rochetaillée – hatte 1898 das, was von der alten Abtei übriggeblieben oder im 19. Jahrhundert dazugebaut war, aufgekauft, auch die 240 Hektar Land, die (noch) dazu gehörten. Und gegen eine jährliche Rente vergab sie es an den Orden der Reformierten Zisterzienser (auch Trappisten genannt). Nach mehr als 100 Jahren Interregnum gab es wieder einen Abt und eine Abtei von Citeaux. Zunächst war es der Abt von Chambaraud, der mit einigen wenigen Mönchen hier einzog. Doch 1899 übernahm der Generalabt der Zisterzienser selbst das Amt eines Abtes von Citeaux. Als Generalabt des ganzen Ordens mußte er allerdings in Rom wohnen bleiben. Für Citeaux ernannte er deshalb einen Vizeabt. Diese Regelung blieb bis 1963 bestehen. Seither wählen die Mönche von Citeaux – zur Zeit etwa 50 an der Zahl – wieder selber ihren Abt, wie in alten Zeiten und wie es die Mönche in den anderen Abteien auch tun. Der Generalabt begnügt sich mit dem Ehrentitel eines Erzabtes von Citeaux.

Citeaux wurde auch wieder als das anerkannt, was es früher einmal war: Mutterabtei aller späteren Zisterzienserabteien, und es wurde auch wieder mit den entsprechenden Befugnissen – Visitationsrecht zum Beispiel – so etwas wie Ober-Abtei für eine Reihe weiterer Abteien, nicht mehr derselben wie früher – weil es diese nicht mehr gibt –, sondern für La Trappe, Melleray, Sept-Fons, Port du Salut und Igny. Bis 1967 trafen sich auch alle Äbte des Zisterzienserordens in Citeaux zu ihren von der Ordensregel vorgeschriebenen Generalkapiteln.

Normalerweise steht nur die Kirche den Besuchern offen – zudem ein kleiner Verkaufsladen. Das Jubiläumsjahr aber hat die sonst so hermetisch verschlossenen Tore der Abtei einen Spalt breit geöffnet. Während einiger Monate des Jubiläumsjahres durfte man unter Führung eines Mönches auch die sonstigen Gebäude besichtigen: die alte, teilweise zerstörte Bibliothek mit ihren buntglasierten Steinen und den sechs noch verbliebenen Arkaden des früheren gotischen Kreuzgangs an ihrer Südseite, das Gebäude der Mönche aus dem 18. Jahrhundert – das eigentliche Kloster also – mit ebenfalls einem eigenen Kreuzgang und schließlich auch eine Kapelle, in der einst die kapetingischen Herzöge von Burgund bestattet wurden.

Zudem besteht die Möglichkeit, sich einen zwanzigminütigen Film über die Geschichte der Abtei (soweit sich das filmisch darstellen läßt) und die Tätigkeit der Mönche anzusehen.

Aber das ganz alte Citeaux bleibt verschwunden – bis auf einzelne jahrhundertealte Grenzmarkierungssteine und einen seit 900 Jahren dem Verfall trotzenden merkwürdigen, aber bezeichnenden Rest: eine massive Bogenbrücke im Norden der Abtei. Mit ihr wurde schon von den ersten Mönchen die kanalisierte Sansfond über einen anderen Kanal geleitet!

Geschichte und Geschicke

Vor 900 Jahren, am Fest des Ordensvaters Benedikt, dem 21. März 1098, war Abt Robert von Molesmes hierher gekommen, zusammen mit einundzwanzig Mönchen, darunter seinen Nachfolgern Alberich und Stephan Harding. Er wollte ein neues Kloster gründen. So nannte er es auch: „novum monasterium“.

Schon in Molesmes (Nordburgund) hatte er ein Reformkloster errichten wollen. Und Reform hieß für ihn: zurück zur ursprünglichen Regel Benedikts, Verzicht auf Reichtum, Macht und Einfluß, Armut des einzelnen und Armut der Klostergemeinschaft; an Stelle von äußerem Gepränge und veräußerlichter Frömmigkeit Verinnerlichung – ganz so, wie sich einst Benedikt selbst in die Einsamkeit einer Höhle bei Subiaco zurückgezogen hatte, um dort, fern von allem weltlichen Getriebe, in sich zu gehen bzw. „bei sich selbst zu wohnen“ (habitare secum), wie sein Biograph, Papst Gregor der Große, schreibt. Doch Molesmes wurde bekannt. Begüterte Adelige überhäuften es mit Schenkungen. Sie wollten, daß man für sie bete.

Da brach Robert erneut auf. In Citeaux hoffte er zu finden, was er suchte, um ein Leben des Gebetes, der Arbeit und der Buße zu führen: Dornen, Disteln, Einsamkeit. Der Herzog von Burgund und der Vizegraf von Beaune hatten ihm in einem schwer zugänglichen Wald- und Sumpfgebiet diesen Flecken zur Verfügung gestellt.

Vielleicht nicht die richtige, aber doch die treffendste Erklärung des Wortes Citeaux leitet es ab von dem altfranzösischen Wort „cistel“: Stechginster, wie er in Sumpfgebieten wächst. Andere führen es zurück auf lateinisch „cisterna“: Zisterne, aber auch Moor, jedenfalls Wasser. Wieder andere sind nüchterner und sagen: Citeaux meint lediglich, daß dieser Ort diesseits des dritten Meilensteins – „cis tertium lapidem milliarium“ – einer alten Römerstraße liegt.

Robert machte sich daran, an diesem Ort des Schreckens Dickicht und Gestrüpp zurückzudrängen – äußerlich in der ihn umgebenden Wildnis, innerlich in seinem und der Mitbrüder Herzen, um so für ein Kloster und für Gott Raum zu schaffen. Doch seines Bleibens war nicht lange. Die Mönche in Molesmes verlangten ihren alten Abt zurück. Sie wandten sich an den Papst. Dieser veranlaßte Robert zur Rückkehr. Und Alberich und Stephan Harding setzten sein in Citeaux begonnenes Werk fort.

Der Orden, der daraus hervorging

„Das Bauwerk, von dem ich erzählen will“, so schreibt Georges Duby (6), „ist in den beiden letzten Dritteln des 12. Jahrhunderts überall in Europa entstanden. Seit dem Untergang Roms hatten in diesem Teil der Welt mächtige Herrschaften einander abgelöst; doch keine von ihnen war stark genug gewesen, ein ebenso zusammenhängendes, so umfassendes und so ausgedehntes Reich zu schaffen. Tausende von Menschen haben mitgeholfen, dieses Bauwerk zu schaffen. Sie bildeten kleine Gruppen, die eine große Gemeinschaft von Gleichgesinnten, den Orden von Citeaux, in sich vereinte. Mönche, deren Stimmen im Chorgesang miteinander verschmolzen und die ohne Grabinschrift in der bloßen Erde bestattet wurden – am Ort ihres Schaffens, mitten unter den Steinen der Baustelle. Sie sind die Erbauer."

Nicht nur in Burgund und in Frankreich, sondern bis nach Kastilien und Portugal, nach Italien, Ungarn, Griechenland, ja Syrien, nach Deutschland, Böhmen und Polen, in die skandinavischen Länder und nach England und Irland sollte er sich ausbreiten, und das in einem geradezu atemberaubenden Tempo.

Als Abt Stephan Harding 1134 starb, gab es bereits 84 Zisterzienserklöster. Als Bernhard von Clairvaux 1153 starb, gab es schon 344 (davon allein 166, die von Clairvaux ausgegangen waren), bis zum Ende des 12. Jahrhunderts waren es 525 und schließlich insgesamt 717 Klöster, die direkt oder indirekt auf das Stammkloster Citeaux zurückgingen.

Oft war es ein neuer Name, den die Mönche ihrem Kloster gaben, zumal sie sich häufig in unbewohnten Gegenden niederließen. „Die Mönche hielten es für angemessen, den Ort, den sie besiedelten, neu zu benennen, wie man es bei einer zweiten Taufe tut, ihm einen Namen zu geben, der dem ständigen Wirken des Klosters entsprach. Es sind Namen des Lichts, der Schönheit, des Emporsteigens zum Höchsten – *Clair*vaux, *Beau*lieu, l'*Escale*-Dieu –, die in sich bereits Verheißung und Heiligung eines Erfolgs sind. Für diese Gesellschaft, die an die Kraft des Wortes glaubt, ist der neue Name eine Verheißung zum Guten" (7).

Nicht nur Männerklöster wurden gegründet. Auch Frauenklöster entstanden, sei es daß sie von den Klöstern des männlichen Zweiges aus gegründet wurden (Stephan Harding selbst gründete schon 1120 in Tart, 12 Kilometer nordöstlich von Citeaux, das erste Zisterzienserinnenkloster), sei es, daß sie aus eigener Initiative entstanden und sich dann entweder formell dem Orden eingliederten oder sich damit begnügten, die Ordensregel zu befolgen und sich einem

Bischof zu unterstellen. Ihre Zahl überflügelte die Zahl der Männerklöster schon bald um mehr als das Doppelte! Über 2000 waren es im 13. Jahrhundert. „Sie vermehrten sich wie die Sterne am Himmel", schreibt ein Zeitgenosse (8), und sie haben so große Gestalten hervorgebracht wie Gertrud und Mechthild, die Mystikerinnen von Helfta.

Die Frage erhebt sich, wie es dazu kam, daß dieser Orden sich so rasant ausbreitete, und was ihn für Männer und Frauen so attraktiv gemacht haben mag. Drei Antworten drängen sich auf: ihre Bereitschaft zur Armut; ihr Organisationstalent, das dem heraufkommenden „Zeitalter der Vernunft" (9) seinen Tribut zollte; ihre kolonisatorischen Leistungen.

Armut

Eine Frühschrift aus Citeaux enhält die Mahnung: „Wisset, daß es drei Dinge gibt, deren Anblick dem Allerhöchsten besonders mißfällt: die allzu ausgedehnten Ländereien, der Luxus der Bauwerke und schließlich die Künstelei unnützer Ausschmückungen vom geistlichen Gesang" (10). Die Zisterzienser dagegen wollten dem Allerhöchsten gefallen. Anstatt von Pfründen, Zehnten und der Arbeit anderer zu leben, lebten sie von ihrer eigenen Hände Arbeit; anstatt die Gebete der Gemeinschaft zu kumulieren, ließen sie Raum für persönliche Frömmigkeit; anstatt ihre Kirchen immer reicher und immer prächtiger auszugestalten, verzichteten sie auf alles, was ihrer Meinung nach den Beter nur ablenken konnte. Sie kamen so dem entgegen, was das ganze 12. Jahrhundert (und weitgehend auch das 13.) erfüllte: der Sehnsucht nach vertiefter Religiosität; der Suche nach der wahren Nachfolge Christi; dem Verlangen, die Urkirche wiederherzustellen. Alles dies fand seinen Ausdruck in den religiös motivierten Armutsbewegungen, die zum Teil auch außerhalb der Kirche ihr Ideal zu verwirklichen suchten. Die Zisterzienser waren es, die den sich hierin manifestierenden Erwartungen entgegenkamen.

Allerdings sollte dieses „Entgegenkommen“ nicht von Dauer sein. Zu Ende des 12. Jahrhunderts waren auch die Zisterzienserabteien reich geworden. Sie besaßen ihre Zehnten, ihre Pächte, ihre leibeigenen Bauern. Im 13. Jahrhundert waren es dann Dominikus und Franziskus und die von ihnen gegründeten „Bettelorden“, die das Armutsideal hochhielten.

Organisationstalent

Das 12. Jahrhundert sah eine neue Art zu denken heraufkommen. Nicht mehr nur Bilder, Symbole, Allegorien sollten das Denken bestimmen, sondern eine klare Logik, rationale Schlußfolgerungen, Abwägen des Für und Wider. Universitäten entstanden; die Scholastik, die im 13. Jahrhundert führend wurde, warf ihre Schatten voraus; die Vernunft bestimmte in zunehmendem Maße den Zeitgeist. Dieser Zeitgeist schlug sich bei den Zisterziensern nieder in ihrer Organisation und in ihrer Baukunst.

Die Organisation des Ordens war mit der Klarheit eines Grundgesetzes schon von Stephan Harding geregelt worden, und zwar in der „Charta Caritatis“, einem „Meisterstück mittelalterlicher Planung“ (11). 1119 wurde sie von allen in Citeaux versammelten Äbten für verbindlich erklärt und noch im gleichen Jahre von Papst Kalixt II. bestätigt. Eine solche zusätzliche Charta war notwendig, weil Benedikt seine Regel nur für ein einziges Kloster (Montecassino) geschrieben hatte, nicht für einen ganzen, mehrere Klöster umfassenden Orden. Diese Charta verstand es, hierarchische und genossenschaftliche Aspekte in maßvoller Ausgewogenheit miteinander zu vereinen. Ihr Ziel war es, in der Einheit des einen Ordens den einzelnen Abteien die notwendige Freiheit zu garantieren.

R-Initiale aus Citeaux

Oberste Leitungsbehörde ist die Generalversammlung (das „Generalkapitel") aller Äbte. Sie tritt einmal im Jahr in Citeaux zusammen. Ihre Beschlüsse sind für alle Abteien bindend. Diese sind im übrigen – auch finanziell – autonom, wählen ihre Äbte selbst und sind nur verpflichtet, die ursprüngliche Regel des heiligen Benedikt einzuhalten – allerdings so, wie die „Neuerer" von Citeaux sie verstehen und interpretieren. Einmal im Jahr hat der Abt des Klosters, von dem aus Neugründungen erfolgt sind, diese Neugründungen – „Tochterklöster" – zu visitieren und zu inspizieren. Citeaux selbst, von dem ja letztlich alle Neugründungen ausgegangen sind, wird einmal im Jahr von den Äbten der vier ersten Neugründungen inspiziert. Jede Abtei nimmt selbständig neue Ordensmitglieder auf. Keine Abtei hat finanzielle Verpflichtungen gegenüber der Mutterabtei, verspricht aber, wirtschaftlich notleidenden Schwesterabteien nach Kräften zu helfen. Alle Äbte bleiben den jeweiligen Bischöfen, in deren Bistum ihre Abtei liegt, unterstellt, so wie es das Erste Laterankonzil (1139) ausdrücklich von allen Mönchen verlangt hatte.

Bernhard selbst lag diese Regelung sehr am Herzen, damit nicht „die Bischöfe ... von Unmut, die Mönche aber von Übermut erfaßt werden" (12). Aber noch zu seinen Lebzeiten, 1132, räumte Papst Innozenz II. den Zisterziensern das „Privileg" ein, „exempt" zu sein, d. h. von den Bischöfen unabhängig und direkt dem Papst unterstellt.

Das zweite, worin die Zisterzienser ihr Organisationstalent manifestierten, war ihre Baukunst. Sie verriet (und verrät) den gleichen Sinn für Maß, Ordnung und Klarheit wie das Grundgesetz, die Charta Caritatis. Nichts Überflüssiges, nichts, was vom Eigentlichen ablenkt, nichts, was nur Schmuck ist, der auch fehlen könnte. Ob Raum zum Beten, Raum zum Essen, Raum zum Schlafen, Raum zum Schreiben, Raum zum handwerklichen Arbeiten – alles ist geradlinig und zweckmäßig.

„In dem Augenblick, wo die Gotik begann, haben die Zisterzienserarchitekten die günstige Gelegenheit benutzt und daran erinnert, daß die Schönheit und Kraft eines Bauwerkes an erster Stelle von der Klarheit des Grundrisses und Aufbaues sowie von der Suche nach Proportion und Gleichgewicht bestimmt werden“ (13).

Kolonisatorische Leistungen

Die Zisterzienser waren Kolonisatoren. Sie machten ganze Ländereien urbar. Wo vorher wilde Tiere hausten, grasten jetzt Kühe. Wo vorher Wald und Sumpf und Dickicht war, blühten jetzt Gärten und Felder. Das, wovor man vorher die Flucht ergriff, lockte jetzt an zum Säen und Ernten und Sich-des-Lebens-Freuen. Solchen Leuten überließ man gerne unbebautes Land, besonders wenn als Gegenleistung für die Schenkenden gebetet wurde. Hatten die Zisterzienser sich doch den Ruf erworben, Pioniere der Land- und Forstwirtschaft (und bald auch des Weinbaus) zu sein. So leisteten sie einen unschätzbaren und unverzichtbaren Beitrag zu Fortschritt und Zivilisation. Und da sie in zunehmendem Maße – ohne es recht gewollt zu haben – durch den Handel mit den Städten verbunden waren, wirkten auch sie unmerklich, aber unaufhaltsam mit an der sich immer deutlicher abzeichnenden urbanen Entwicklung Europas, wie sie das 13. Jahrhundert erlebte.

Auf die Frage nach den Gründen für den beispiellosen Erfolg des Zisterzienserordens wurden drei Antworten gegeben. Doch die eigentliche Antwort steht noch aus. Es ist der Name jenes Mannes, der wie ein Feuerbrand war: Bernhard von Clairvaux.

Bernhard von Clairvaux

Bernhard und seine Zeit

Armut und Reichtum

1090 wurde Bernhard auf der Ritterburg Fontaine bei Dijon geboren. Die Grundentscheidung seines Lebens traf er 1112 – mit zweiundzwanzig Jahren. Er trat in das neue Kloster Citeaux ein, begleitet von mehr als dreißig dem Adel angehörenden Freunden und Verwandten. Monatelang hatte er sie auf diesen Schritt vorbereitet.

Citeaux war so unwirtlich, so ungesund, so armselig, daß kaum einer dort eintreten und das Leben der Mönche teilen mochte. Es schien, daß das 1098 gegründete „Neue Kloster" – wie es sich nannte – seine Pforten wieder schließen müßte. Doch da erschien Bernhard. Er entriß dieses verlorene Kloster dem Siechtum, in dem es zu erlöschen drohte.

Armut und Verlassenheit waren das, was Bernhard suchte. Er suchte es auch, als Abt Stephan Harding von Citeaux ihn schon drei Jahre nach seinem Eintreffen aussandte, ein weiteres Kloster zu gründen und dessen Abt zu werden. Als Ort dafür wählte er ein Tal – eben das, was als äußerst ungünstig für eine Ansiedlung galt. Es war unzugänglich, feucht, Überschwemmungen ausgesetzt. „Wermutstal" hieß es bezeichnenderweise. Und hierhin lockte er die, die wie er bereit waren, aus dem Wermutstal eine helles Tal zu machen, ein „Clairvaux". Das war der Name, den Bernhard ihm gab.

Citeaux war für Bernhard eine Entscheidung gegen die, die sich – als Zeichen ihres Protestes gegen eine reich gewordene und verweltlichte Kirche – abrupt von ihr abwandten und alle überkommenen Strukturen verneinten. Als Eremiten lebten sie in der Einsamkeit der Wälder. Als Büßer durchzogen sie die Lande. Als Reine („Katharer") lebten sie ostentativ ein Leben der Vollkommenheit – so wie sie es verstanden. Bernhard aber wählte nicht die Revolution. Er wählte die Reform.

Citeaux war für Bernhard auch eine bewußte und gewollte Entscheidung gegen Cluny. Dort einzutreten hätte für ihn, den Sproß aus burgundischem Adel, nahegelegen. Das wäre standesgemäß gewesen. Denn Cluny bedeutete Ehre, Reichtum, Macht. Citeaux dagegen bedeutete Verzicht.

Verzicht auf Repräsentation: Kirchenbauten kahl und ohne Schmuck; Liturgiefeiern ohne Prunk; Kleidung aus roher, ungefärbter Wolle.

Verzicht auf irdischen Reichtum: Bernhard identifizierte sich – wie Citeaux – mit der Armutsbewegung seines Jahrhunderts. Er sollte eines Tages sich und seine Brüder einfach „pauperes", die Armen, nennen.

Verzicht auf Macht: Innerhalb des Ordens wollte der Abt von Citeaux gegenüber den anderen Äbten nicht mehr sein als der erste unter Gleichen. Außerhalb des Ordens wollte er kein Landesfürst sein mit eigenem Hofstaat, eigener Gerichtsbarkeit, von ihm abhängigen Hörigen. Das erste blieb. Das zweite sollte verwässert werden, als auch der Zisterzienserorden „exempt" wurde.

Bernhard weiß sich in diesem dreifachen Verzicht in der Nachfolge Jesu von Nazaret, der nichts hatte, wohin er sein Haupt hätte legen können. Die Cluniazenser hatten in den Apsiden ihrer Kirchen Christus als den Pantokrator, den Allherrscher dargestellt. Mit Bernhard dagegen wird die Verehrung des Pantokrators abgelöst von der Verehrung des

Schmerzensmannes von Golgota. Im Kloster San Marco in Florenz finden wir ein Fresco von Fra Angelico. Es stellt die Kreuzigungsszene dar. Unter dem Kreuz stehen bezeichenderweise nur Franz von Assisi und Bernhard von Clairvaux.

Den irdischen Jesus verkündigt Bernhard. Immer wieder drängt er dazu, seinem Lebens- und Leidensweg zu folgen, zu verzichten wie er und arm zu sein wie er. Gerade der Verzicht ist für Bernhard Gewinn, die Armut sein Reichtum.

So hatte Jesus es gesagt: „Wer hungert, wird gesättigt. Wer trauert, findet Trost. Wer arm ist, erbt das Himmelreich" (vgl. Matthäus 5,6.4.3).

So hatte Paulus es bestätigt: „Wenn ich schwach bin, bin ich stark. Wenn ich arm bin, bin ich reich. Wenn ich nichts habe, habe ich alles" (vgl. 2 Korinther 12,10 u. 6,10).

Und so wird Joseph Lortz zu der von Bernhard geübten (und verlangten!) Armut um des Himmelreiches willen sagen: In ihr „steckt jenes christliche Geheimnis, das Kraft aus Verzicht gewinnt" (14).

Bei Bernhard führte die äußere Armut zu einem beispiellosen inneren Reichtum, zu einer Weite und zu einer Freiheit, die ihn auch an andere die Aufforderung richten ließ, „den Geist weit zu machen in eine umfassende Freiheit hinein, in die Weite aller Möglichkeiten des Denkens, des Liebens und Geliebtwerdens" (15).

Glauben und Wissen

Bernhard hatte die Stille, das Vergessen der Welt und das Vergessenwerden von der Welt gesucht. Doch es ließ sich nicht vermeiden, daß er bemerkt wurde, und daß die, die ihn bemerkten, seine geistige und geistliche Größe und seine Bedeutung für die Kirche erkannten. Einer der ersten, die ihm begegneten und denen er begegnete, war Wilhelm von Champeaux, Bischof von Chalons-sur-Marne. Er war es, der Bernhard die Zustimmung zur der Neugründung in Clairvaux und die notwendigen Weihen erteilte. Er war es aber auch, „der ganz Frankreich lehrte, den bis dahin unbekannten Mönch wie einen Engel Gottes zu verehren" (16). Er war es schließlich, der Bernhard bei denen bekannt machte, die das Aufkommen neuer theologischer Lehrmeinungen und neuer theologischer Methoden beunruhigte, Lehrmeinungen, wie sie vor allem Petrus Abaelard vertrat. Diese – an ihrer Spitze Wilhelm von Saint-Thierry – riefen nun Bernhard zu Hilfe. Er sollte den überlieferten Glauben verteidigen.

Bernhard verschloß sich diesem Rufe nicht. Es waren aber weniger bestimmte Aussagen, die Bernhard attackierte. Es war vielmehr Abaelards unseliges Vertrauen auf seine Geisteskraft. Bernhard mißfiel dessen ganze Art, Theologie zu betreiben, wie sie vor allem in Abaelards Schrift „Sic et non" ihren Ausdruck fand. Bernhard sah darin das Streben, alles vernunftmäßig zu erklären, auch das, was den Bereich der Vernunft übersteigt, und so die Vernunft zur Richterin über den Glauben zu machen. Seine – Bernhards – Maxime dagegen lautete: „Der Glaube der Gläubigen glaubt, er diskutiert nicht" (17). Ausdruck seiner eigenen Überzeugung und zugleich Hilfe und Richtschnur war ihm dabei das Wort des Propheten Jesaja: „Wenn ihr nicht glaubt, werdet ihr nicht verstehen" (Jesaja 7, 9) (18).

Gewiß hatten gerade die Zisterzienser dem heraufkommenden Zeitalter der Vernunft ihren Tribut gezollt: durch ihre „vernünftige" Bauweise, auch durch ihre „vernünftige" Ordenssatzung. Aber die Vernünftigkeit war dabei kein Selbstzweck – mitnichten. Die Bauten waren klar gegliedert und die Ordenssatzung klar strukturiert, gewiß, aber doch nur, um den Mönchen zu helfen, ihrer eigentlichen Aufgabe nachzukommen: zu weinen und zu beten. Wissen ja – aber

Wissen um des Glaubens willen. Und diese Rangordnung sah Bernhard gefährdet durch die Lehren des gefeierten Pariser Professors Abaelard, des genialsten Lehrers seiner Zeit. Er fürchtete, daß dieser dem Wissen den obersten Rang einräumen und den Glauben dem Wissen dienstbar machen wolle. Das aber konnte und wollte er nicht nachvollziehen.

Läßt sich doch der Unfaßbare nie und nimmer von menschlichen Begriffen erfassen, und ist doch der Gott, den der Verstand durch schlußfolgerndes Denken findet, nicht der Gott, der uns selber meint. Und die Schüler, die Abaelard um sich scharte, die fasziniert seinen Worten lauschten und begierig alles Neue, Ungewohnte und darum Attraktive in sich hineinsogen, würden – so fürchtete Bernhard – statt des Gottes, den sie brauchten, nur ein Wissen finden, das das Habenwollen befriedigt, das aufgeblasen macht, das ins Verderben führt.

Für Bernhard kann das Wissen von Gott nur Vorstufe sein, Vorstufe zu einem persönlichen Betroffensein von Gottes Anruf, der mich erschrocken und zugleich hingerissen sein läßt und der Augustinus bekennen ließ: „Percutit cor meum et inhorresco et inardesco – Er trifft mich ins Herz, und ich erschrecke und entbrenne“ (19). Sich mit dem Wissen um Gott begnügen heißt für Bernhard letztlich „impius“, gottlos sein. Gott gegenüber kann man sich nicht mit der reinen Zuschauerrolle begnügen und unbeteiligt konstatieren: Gott ist und hat diese und jene Eigenschaften. Gott gegenüber muß man antworten, und diese Antwort darf nur heißen: Anbetung und Liebe. Und wer das nicht tut, ist Gott nicht begegnet, hat ihn nicht erkannt, weiß nicht, daß Gott mehr und anders ist als ein Objekt des Wissens, ein Jemand, ein Du, einer, den man lieben kann, lieben darf, lieben muß. Denn am Ende kann nicht das Wissen stehen. Am Ende muß das Lieben stehen.

Und welches ist nach Bernhard der Weg zu Gott, wenn es nicht der Weg des Disputierens, der Dialektik, des schluß-

Bernhard von Clairvaux leitet die Kaiptelssitzung in einem der von ihm gegründeten Zisterzienserklöster. Miniatur (15. Jh.) von Jean Fouquet im Stundenbuch des Étiennne Chevalier.

folgernden Denkens sein kann? Wenn Wissen blind macht, stolz und aufgebläht?

Es geht um den Weg des Verzichtens, den Bernhard von Anfang an beschritten hat, indem er statt nach Cluny nach Citeaux ging, des Verzichtens auch auf ein Wissen um des Wissens willen, auf ein Wissen, das nur die Neugier befriedigt. Es ist der Weg der demütigen Annahme seines Armseins gegenüber dem unerreichbaren Gott und damit auch der Bereitschaft, immerzu und überall Wartender, Hungernder, Fragender zu sein und zu bleiben.

Vielleicht darf man sagen: Abaelard war der Verstandesmensch und Bernhard das religiöse Genie. Und richtig wäre es gewesen, wenn sie sich ergänzt hätten, statt sich zu entzweien.

So schien es auch zunächst zu sein. Zwar hatte 1121 eine in Soissons zusammengetretene Synode Abaelards Buch über die Dreifaltigkeit als häretisch verurteilt und öffentlich verbrannt. Aber Abaelard fuhr desungeachtet fort in seinem Bemühen, die Glaubensgeheimnisse mit der von Gott geschenkten Vernunft begreiflich zu machen. So jedenfalls sah er es. Ihm ging es einfach um das Heimatrecht der Wissenschaft in der Kirche. Bernhard und Abaelard sprachen auch miteinander. Einmal trafen sie sich unter vier Augen, einmal im Beisein anderer. Abaelard nannte Bernhard seinen Freund.

Doch dann kam es zum Eklat. Abaelard hatte Bernhard zugesagt, einige diesem bedenklich erscheinende Formulierungen zu korrigieren. Das aber tat er nicht. Er formulierte vielmehr noch aggressiver – und damit noch häretischer, jedenfalls in den Augen Bernhards und erst recht derer, die – wie Wilhelm von Thierry – Bernhard aufforderten einzuschreiten.

Bernhard sandte neunzehn ihm suspekt erscheinende Sätze Abaelards nach Rom, um von dort ein Urteil – eine Verurteilung – zu erwirken. Doch es geschah nichts. Statt dessen veranlaßten Schüler und Freunde Abaelards den Erzbischof von Sens, beide – Abaelard und Bernhard – zu einem Streitgepräch einzuladen. Der Erzbischof willigte ein, lud auch noch andere Bischöfe dazu, darüber hinaus gar den französischen König. Allein, Bernhard fürchtete sich, über die beanstandete Lehre schulisch zu disputieren. Er fühlte sich in einer offenen Diskussion einem Meister der Dialektik wie Abaelard nicht gewachsen. Statt dessen veranlaßte er schon am Vorabend die in Sens versammelten Bischöfe, die neunzehn ihm häretisch erscheinenden Sätze des Abaelard zu verurteilen – und das ohne den Betroffenen anzuhören und ihm Gelegenheit zur Verteidigung zu geben. Abaelard fühlte sich zu Recht hintergangen. Er sagte die öffentliche Disputation ab. Statt dessen appellierte er an den Papst. Die Bischöfe berichteten ebenfalls dem Papst. Bernhard selbst überschüttete den Papst und die Kurienkardinäle mit Briefen – und erreichte diesmal, was er wollte. Papst Innozenz II. verurteilte Abaelard und legte ihm Schweigen auf. Abaelard war fortan ein gebrochener Mann, auch wenn der Papst später seine Verurteilung zurückzog. Zwei Jahre nach den Vorfällen von Sens starb er, einsam und verkannt (20).

Hat Bernhard gesiegt? Letztlich nein. Wer in der Theologie die Oberhand behielt, war Abaelard. Denn die von Abaelard bahnbrechend ausgebildete Methode, gegensätzliche und offenbar einander widersprechende Aussagen der Tradition durch die Unterscheidung der Begriffe auszugleichen, wurde von seinem Schüler Petrus Lombardus – wie Abaelard Lehrer an der Pariser Domschule – fortgeführt, und dessen Werk „Vier Bücher der Sentenzen“ wurde für das ganze Mittelalter zum maßgebenden theologischen Lehrbuch. Und schließlich ging aus dieser Denkschule auch Thomas von Aquin hervor, so daß man sagen kann, im System des Thomas von Aquin habe letztlich Abaelard gesiegt. Aber wahrscheinlich wird man besser nicht von Siegern und Besiegten sprechen. Denn auch wenn Abaelards Methode sich in Thomas und überhaupt in der mittelalterlichen Scholastik durchsetzte, wird damit doch nicht die Botschaft Bernhards aufgehoben, daß nicht die Erklärung, sondern das persönliche Ernstnehmen Gottes den Glauben trägt. Und das geistige Drama zwischen Abaelard und Bernhard zeigt nur ein Problem auf, das letztlich unlösbar bleibt.

Arno Borst, der viele Jahre lang zunächst in Erlangen und dann in Konstanz Professor für mittelalterliche Geschichte war, faßt seine Ausführungen über Abaelard und Bernhard wie folgt zusammen: „Wir können ihren Konflikt nicht verniedlichen, ohne beiden Unrecht zu tun; erst am Ende fanden sie beide über sich hinaus. Erst nach dem Sturm konnte der gütige Petrus Venerabils sie wieder zueinanderführen. Erst nach dem Sturm galt, was Abaelard vorher an Bernhard geschrieben hatte: Gleichheit in allem sei die Mutter des Überdrusses, das Verschiedene sei nicht unvereinbar, es werde zusammenklingen zum Lobe Gottes. Es sollte, fügen wir hinzu, zusammenklingen auch im Urteil der Nachwelt.

Denn wenn der Streit zwischen Abaelard und Bernhard gar nicht begonnen oder anders geendet hätte, wäre gewiß nicht bei ihnen, aber wohl bei ihren Nachahmern zur Wirklichkeit geworden, was sie einander als Absicht unterstellten und was zweihundert Jahre später tatsächlich eintrat. Scholastik und Mystik hätten ihre getrennten Kreise weiter gezogen und im Hörsaal das Bohren nach dem, was wir wissen können, zum eitlen Gerede verflacht, im Bethaus das Ergriffensein von dem, was wir glauben sollen, zum verzückten Gehabe überspannt. ... Wenn wir heute einen rühmen, der weiter kam, sei es Thomas von Aquin oder Franz von Assisi, dürfen wir den anderen nicht schmähen, der ihm den Weg bahnte, sei es Abaelard oder Bernhard“ (21).

Bernhard hat die Welt verlassen, um betend und büßend Gott und nur Gott zu suchen – genauer: um frei zu sein für Gott und sich ihm zu öffnen. Und es wurde ihm geschenkt, ihm, dem Mysterium schlechthin, zu begegnen, von ihm angerührt, nein, ganz ergriffen zu werden. Das ist gemeint, wenn man sagt, er sei ein Mystiker gewesen, mehr noch: „die alles überragende Gestalt der Mystik im 12. Jahrhundert" (22). In seinen Kommentaren – er nannte sie „Predigten" – zum alttestamentlichen Hohenlied der Liebe entwickelte er seine mystische Theologie. Sie war Höhepunkt und „Summe dessen, was er erkannte und schaute, was ihn bewegte und erfüllte" (23). Bis weit in die Neuzeit hinein hat sie das geistliche Leben der Christenheit befruchtet.

Doch fertig wurde er mit seiner Ausdeutung des Hohenliedes nie. Er brach sie – bezeichnenderweise – bei den Versen ab: „Des Nachts auf meinem Lager suchte ich ihn, den meine Seele liebt. Ich suchte ihn und fand ihn nicht. Aufstehen will ich, die Stadt durchstreifen, die Gassen und Plätze, ihn suchen, den meine Seele liebt. Ich suchte ihn und fand ihn nicht" (3, 1–3) (24). Auch für Bernhard blieb Gott, um Gregor von Nyssa zu zitieren, der immerzu nur „Gesuchte" (25). Nie wurde er ihm der „Gefundene".

Ergänzt hat Bernhard seinen Kommentar zum Hohenlied durch seine Schrift „De diligendo Deo – Von der Gott geschuldeten Liebe". Diese faszinierte sowohl formal – durch ihre wunderbare, geradezu bestrickende Prosa – als auch inhaltlich. Sie wurde zu einer seiner verbreitetsten Schriften.

So wie Bernhard selbst die Einsamkeit gesucht hatte, so führte er auch die, die ihm folgen wollten, in die Einsamkeit. Nicht nur Clairvaux, auch die weiteren Klöster, die er für sie gründete, errichtete er in abgelegenen Tälern. Ein alter Spruch bezeugt es:

Bernardus valles,
colles Benedictus amabat,
Franciscus vicos,
magnas Ignatius urbes.

Bernhard liebte die Täler,
Benedikt die Hügel,
Franziskus die Dörfer,
Ignatius die großen Städte (26).

Seine Mönche hielt er an zu Gebet, Fasten und Abkehr von der Welt. „In den Wäldern wirst du mehr finden als in den Büchern; die Bäume und die Felsen werden dich Dinge lehren, die kein Meister dir sagen kann" – verkündete er (27) – und schrieb trotzdem selber ein Buch nach dem anderen!

Seinen Zisterziensern galt der Traktat „Von den Stufen der Demut und des Stolzes", in gewisser Weise ein Kommentar zum 7. Kapitel der Benediktsregel, vor allem aber ein einprägsames Zeugnis seiner auf Erfahrung beruhenden Religiosität und seiner mitreißenden schriftstellerischen Begabung.

Aber dabei ließ er es nicht sein Bewenden haben. In zunehmendem Maße wandte er sich in seinen Schriften auch an Außenstehende. Hunderte von Briefen schrieb er, dazu theologische Traktate: einmal, um die Pariser Kleriker vor sittlichem Verfall und seelischer Verarmung zu warnen (zu diesem Behufe begab er sich auch selbst nach Paris und hielt ihnen eine donnernde Moralpredigt); einmal sogar, um Bischöfe an ihre Pflichten zu erinnern; ein anderes Mal, um in einer „Apologie" seine Ablehnung der Entwicklung, die das Benediktinertum in Cluny und bei den Cluniazensern genommen hatte, zu rechtfertigen; schließlich auch, um so subtile theologische Probleme wie das des Zusammenwirkens von göttlicher Gnade und menschlicher Freiheit („De gratia et libero arbitrio") zu erörtern.

Es wurde immer mehr. „Bis zu seinem Tode im Jahre 1153 wurde die Christenheit bis ins Innerste von seinem (geschriebenen oder gesprochenen) Wort bewegt, seinem unwiderstehlichen Wort, das bis an die Grenzen der Erde fortgetragen wurde" (28).

Unversehens war Bernhard ins Rampenlicht der Öffentlichkeit getreten. Ihn bewog dabei die Sorge um die Kirche und um die Welt. Als Mönch, gerade als Mönch, fühlte er sich – so paradox es klingen mag – für die Welt verantwortlich. Er wußte: Er hatte ihr etwas zu geben, was sie aus eigenem Vermögen nicht zu erlangen vermochte und was nur der Mönch ihr geben konnte. Ironisch und zugleich selbstbewußt ruft er aus: „Mein Herr und mein Gott, wie hat sich dein Urteil über mich getäuscht, daß du versuchtest, mich zum Mönch zu machen, einen Mann, der für die Welt notwendig ist" (29) – erst recht, wenn es um die Sache Gottes geht, denn „nichts, wovon feststeht, daß es Gott betrifft, ist mir fremd" (30) und, so möchte man ergänzen, kann mich unbeteiligt lassen.

Erst recht äußert Bernhard sich – durch sein Wort, durch seinen Rat, durch seine Tat –, wenn man ihn dazu auffordert.

Er wird – worauf schon hingewiesen wurde – gerufen, die Theologie vor Irrtümern zu bewahren.

Er wird auch gerufen, gegen sektiererische Bewegungen zu predigen. „Katharer" nannten sich diese, die „Reinen". In Südfrankreich begannen sie sich auszubreiten, ebenso im Rheinland.

Man rief ihn, daß er zwischen dem Welfen Lothar II. und dem Staufer Friedrich von Schwaben vermitteln solle und ebenso zwischen König Ludwig VII. von Frankreich und dem Grafen Theobald von der Champagne.

Man rief ihn, daß er Frieden stifte zwischen dem König und dessen Bruder, zwischen dem König und dem Herzog von Anjou, zwischen kirchlicher und weltlicher Gewalt in Auxerre. Er wurde gerufen, bei Bischofswahlen den in seinen Augen richtigen Kandidaten zu finden und durchzubringen.

Ja, er wurde auch gerufen – von den Bischöfen und vom König von Frankreich –, daß er entscheide, wer der rechtmäßige Papst sei. Denn nach dem Tode Honorius' II. waren 1130 an einem und demselben Tage gleich zwei Päpste gewählt worden, Innozenz II. und Anaklet II.; bei der Wahl des Letztgenannten hatten offenbar auch geldliche Zuwendungen eine Rolle gespielt. Aber das war für Bernhard nicht der entscheidende Grund, sich mit Vehemenz und Erfolg bei den kirchlichen und staatlichen Großen ganz Europas für Innozenz II. einzusetzen. Vielmehr konnte er sich auf einen Erlaß des Papstes Leo des Großen berufen, der im Falle der Uneinigkeit denjenigen als gewählt ansah, der die größeren Verdienste und das größere Vertrauen besäße. Darauf gestützt verkündete Bernhard: Innozenz ist der würdigere, er ist der rechtmäßige Papst, und wer nicht für Innozenz ist, der ist „entweder von der Partei des Antichrist oder der Antichrist selbst" (32). Einer nach dem anderen pflichtete ihm bei: die Könige von Frankreich, Deutschland, England, Aragon und Kastilien, die Bischöfe dieser Länder und auch Oberitaliens, selbst Abt Petrus von Cluny, und das, obwohl Anaklet zuvor Mönch in Cluny gewesen war. Und als Anaklet 1138 starb und seine Partei einen Nachfolger wählte, begab sich dieser zu dem gerade in Rom weilenden Bernhard, um seinen Verzicht auf das Papstamt zu erklären. Die eigentliche Autorität in der Kirche war in seinen Augen der Mönch von Clairvaux.

Erneut durchzog Bernhard die Lande, als der Papst ihn aufforderte, in Frankreich einen neuen Kreuzzug zu predigen. Es war Papst Eugen III., ein Zisterzienser, den Bernhard selbst für seinen Orden gewonnen hatte. In seiner Begeisterung für die – wie er meinte – gerechte Sache, predigte Bernhard außer in Frankreich auch in Deutschland. Dort gewann er König Konrad II. dafür, gemeinsam mit König Ludwig VII. von Frankreich das Kreuzfahrerheer anzuführen.

Bernhard, der sich gegen die Sekten eingesetzt hatte, der die Anerkennung Innozenz' II. erwirkt hatte – das Laterankonzil, das 1139 diese Anerkennung offiziell aussprach, vollzog nur, was Bernhard längst entschieden hatte –, der ganz Europa in einen Taumel der Begeisterung für einen erneuten Kreuzzug zu stürzen vermocht hatte, konnte es sich sogar leisten, für seinen Ordenssohn Eugen III. unter dem Titel „De consideratione" eine ausführliche Mahnschrift abzufassen über das, was dieser zu erwägen habe – daher der Titel dieser Schrift –, um sein Amt als Papst recht zu führen, etwa auch dies, daß er den weltlichen Herrschaftsanspüchen seines Vorgängers Gregor VII. entsagen müsse. Wörtlich schreibt er ihm: „Das ist die Lehre der Apostel: Das Herrschen wird verboten, das Dienen geboten." Und er hält ihm vor Augen das Vorbild des armen Fischers „Petrus, von dem nicht bekannt ist, daß er einst im Schmuck von Edelsteinen und Seidenstoffen einhergezogen ist, mit Gold bedeckt auf einem Schimmel ritt, daß eine Leibgarde ihn umgab oder lärmende Diener ihn umringten" (32).

Aus dem frommen Mönch, der in dem verlassensten Kloster dieser Erde die Einsamkeit und die Stille und das Vergessenwerden gesucht hatte, war nicht nur ein „homme charmant et charmeur" (33) geworden, sondern der „Führer und Richter seines Jahrhunderts" (34): „Mit wem von den Großen seiner Zeit hätte er nicht zusammengewirkt oder ist er nicht zusammengestoßen? Päpste baten um seinen Rat, Königen drohte er, Philosophen bekämpfte er, Bischöfe verdankten ihm ihr Amt" (35). Dem Papst konnte er schreiben: „Sie sagen, daß nicht ihr der Papst seid, sondern ich, und bei mir strömen sie von überall her zusammen" (36). Und schon die erste nach seinem Tode erschienene „vita" konnte behaupten, daß ihm „die Fürsten der Welt gehorchten und die Bischöfe in jeder Nation nur auf seinen Wink warteten" (37).

Georges Duby bemerkt kurz und bündig: „1145 ist das ganze Abendland mit mehr als dreihundertfünfzig Klöstern dieses Ordens (der Zisterzienser) übersät, auf dem päpstlichen Stuhl sitzt ein Zisterzienser, und der heilige Bernhard beherrscht die Welt" (38).

Und Bernhard selbst? Er kommt sich am Ende seines „ungestümen Lebens" – seiner „vita monstruosa" (39) – vor wie ein Vogel, der aus seinem Nest geworfen ist (40), ja wie ein Fabelmonster – „chimaera mei saeculi" (41) –, zerrissen zwischen seinem Leben als Mönch und seinem jedes Maß sprengenden Engagement in Welt und Kirche.

Bernhard und unsere Zeit

Anlässe, sich an Bernhard zu erinnern, gibt es in unserer Zeit genug: 1953 gedachte man der 800. Wiederkehr seines Todestages, 1990 der 900. Wiederkehr seines Geburtstages, und 1998 ist es der 900. Jahrestag der Gründung des von ihm geprägten Zisterzienserordens. In Kongressen, Vorträgen, Büchern und Aufsätzen wurde und wird darauf hingewiesen. Daß man sich heute dazu veranlaßt sieht, zeigt, daß Bernhard nicht vergessen ist – und daß man ihn nicht vergessen will.

Einmal, weil er groß war, bedeutend, wegweisend. Zum anderen aber, und das vor allem, weil er unserer Zeit, gerade den heutigen Menschen etwas zu sagen hat. Nicht so, als sollten wir die Vergangenheit verklären und einer Restaurierung das Wort reden, sondern weil Bernhard sich mit eben den

Fontenay: Schmiede

Fragen herumgeschlagen hat, die auch die unseren sind – Fragen, die uns unser Leben, unsere Zeit und nicht zuletzt das religiöse Suchen unausweichlich aufgeben. „Das heißt: in den Gedanken Bernhards sind Grundhaltungen verwirklicht, die an sich jeden modernen Menschen bereichern und vielleicht sogar begeistern können" (43).

Hier seien drei Fragen herausgegriffen, die Christen unserer Tage bewegen und die auch Bernhard bewegt haben. Das Erstaunliche – und Beglückende – ist, daß die Antworten, die Bernhard gefunden hat, eben die sind, die sich auch uns aufdrängen – und die wir weitgehend formulieren, ohne Bernhard zu zitieren, ja ohne überhaupt zu ahnen, daß die gleichen Probleme auch die seinen waren. Gedanken und Ideen leben fort, auch wenn sie jahrhundertelang von anderen Vorstellungen überlagert werden. Auf einmal sind sie wieder da.

Diese drei Fragen lauten:
1. Was ist die Kirche?
2. Was heißt glauben?
3. Welches ist das rechte Gottesbild?

Ein neues Kirchenbild

Das Kirchenbild des Zweiten Vatikanischen Konzils (1962–1965)

Am 21. November 1964 verabschiedete das Zweite Vatikanische Konzil die „Dogmatische Konstitution über die Kirche". Ihre ersten drei Kapitel behandeln die Kirche als Geheimnis, die Kirche als Volk Gottes, die hierarchische Struktur der Kirche (43).

Die Kirche ist ein Mysterium, ein Geheimnis. Was das bedeutet, hat Joseph Ratzinger vor dem Hintergrund der Diskussion um die Frage der Sichtbarkeit und Verborgenheit der

Kirche verdeutlicht: „Nun muß man wissen, daß gerade diese Frage seit Jahrhunderten unter einer besonderen Belastung stand. Ihre bis in unser Jahrhundert entscheidend gebliebene Prägung hatte sie bei Robert Bellarmin aus dem Gesichtspunkt der Auseinandersetzung mit den Reformatoren empfangen. Ein ‚Anti' ist immer eine schlechte Voraussetzung für positive Erkenntnisse. Um die reformatorische Idee der Verborgenheit der Kirche abzuwehren, hatte Bellarmin mit Nachdruck den Charakter des Institutionellen, des rechtlich Faßbaren, in den Vordergrund geschoben, so sehr, daß er sich zu der Formulierung hinreißen ließ, die Kirche sei so sichtbar wie die Republik Venedig" (II, 26) (44). Und der einst so gepriesene Bellarmin wird jetzt fallen gelassen wie eine heiße Kartoffel!

Die zweite Aussage der Konstitution ist die, daß alle, die Gott zu seinen Kindern gemacht hat, das eine Volk Gottes bilden. Von diesem Volk wird gesagt, daß die, die ihm angehören, „zu einem auserwählten Geschlecht, einem königlichen Priestertum gemacht werden" (Lumen Gentium, 9) (45). Vor aller Unterscheidung verschiedener Stände gilt vom Volk Gottes in seiner Gesamtheit, daß es ein priesterliches Volk ist. Zuerst und grundlegend das allgemeine Priestertum der Gläubigen – und erst später seine Aufgliederung in mehrere Dienste und Aufgaben! Wörtlich sagt die Konstitution: „Durch die Wiedergeburt und die Salbung mit dem Heiligen Geist werden die Getauften zu einem heiligen Priestertum geweiht, damit sie geistige Opfer darbringen und die Machttaten dessen verkündigen, der sie aus der Finsternis in sein wunderbares Licht berufen hat" (Lumen Gentium, 10). Also auch die Verkündigung ist Aufgabe des ganzen Volkes Gottes!

Joseph Ratzinger betont noch einen weiteren Aspekt dieses Bildes vom Volk Gottes: den des Unterwegsseins, so wie ihn die Erinnerung an das wandernde Volk Israel nahelegt.

„Es ging um die Einsicht, daß die Kirche nicht eine fertig abgeschlossene Größe ist, die sozusagen über Zeit und Raum steht, sondern daß Kirche ihrem Wesen nach unterwegs bleibt; sie muß daher dem Kommenden geöffnet sein, muß immer wieder bereit sein, geschichtliche Formen und Verfestigungen abzustreifen. Wenn sie das Unterwegssein der Menschheit mit ihrem Gott darstellt, wenn sie die wesentlich unfertige ist, die ihr Ziel noch nicht erreicht hat, dann heißt das ja auch, daß sie als die noch Unvollendete die noch sündigende Kirche ist, die immer wieder der Erneuerung bedarf" (II, 28 f).

Erst in ihrem dritten Kapitel spricht die Kirchenkonstitution von den Bischöfen und damit von der hierarchischen Struktur der Kirche. Aber das geschieht nicht, um in die alte Vorstellung zurückzufallen, die Kirche bestehe einerseits aus Lehrenden und andererseits aus zu Belehrenden. Vielmehr entprach dieses Kapitel der Notwendigkeit, „die Einseitigkeiten einer übersteigerten Primatspraxis zu korrigieren" (III, 74). Diesem Ziel diente „eine neue Betonung der in den Bischöfen repräsentierten Vielfalt und Fülle" (III, 74 f). Herzstück dieses dritten Kapitels war nämlich „die Wiederentdeckung der Ortskirche" (III, 7). Dabei sind die Ortskirchen „nicht Verwaltungsstellen eines großen Apparats, sondern sie sind die lebendigen Zellen, in deren jeder das ganze Lebensgeheimnis des einen Leibes der Kirche anwesend ist. Damit wird sichtbar, daß die eine Kirche die Vielfalt der Kirchen einschließt, daß Einheit und Vielfalt in der Kirche keine Gegensätze sind" (III, 69).

„Die Kirche ist demnach aufgebaut aus einer Gemeinschaft von Bischöfen, unter denen einer, der Nachfolger Petri, den Dienst der Vereinigung innehat. Das Amt der Vereinigung, das päpstliche Amt, bleibt im Prinzip ungeschmälert, wenn auch seine Funktion nun deutlicher in ihrem Kontext erscheint. Nicht monarchische Regierung hat es zu sein, sondern Koordinierung der Pluralität, die zum Wesen der Kirche gehört" (III, 26).

Das Konzil „hat zwar entschieden daran festgehalten, daß Petrus innerhalb der Zwölf eine Sonderstellung einnahm. Aber es hat doch auch herausgearbeitet, daß Petrus einer von den Zwölfen blieb, daß er nicht außerhalb, sondern innerhalb ihrer Gemeinschaft stand" (II, 34 f).

Das Kirchenbild Bernhards

Anläßlich der 800. Wiederkehr des Todestages Bernhards von Clairvaux veranstaltete das Mainzer Institut für Europäische Geschichte vom 2. bis zum 6. November 1953 einen Internationalen Bernhard-Kongreß. Yves Congar – damals schon bekannt durch seine Arbeiten über Wesen und Gestalt (und Reformbedürftigkeit!) der Kirche, später noch bekannter als Konzilstheologe und zum Schluß gar Kardinal – dieser Congar referierte dabei unter dem Titel „Die Ekklesiologie des hl. Bernhard" über das, was Bernhard über das, was Kirche und was Christsein ist, zu sagen hat (46). Congars Ausführungen seien hier in 6 Punkten zusammengefaßt.

- Christ sein heißt vor Gott stehen. Und vor Gott stehen heißt frei sein. Nicht als ob nur der Christ frei wäre. Das Freisein gehört zum Menschsein dazu. Der Christ aber hat in Gott das Unterpfand seiner Freiheit gefunden, der Freiheit gegenüber den Dingen dieser Welt, die ihn bedrängen und in ihren Bann zwingen wollen, der Freiheit erst recht gegenüber dem, was dem göttlichen Gesetz widerstreitet, auch wenn es der Befehl kirchlicher Oberer wäre.

Der Christ hat in Gott nicht nur die Garantie und die Berufungsinstanz, sondern auch das Ziel seiner Freiheit gefunden. Der Mensch ist nämlich „frei, um zu": d. h., um über sich zu verfügen, um sich zu verschenken, um zu lieben. Nur wenn er das tut, vollzieht er sich selbst, erfüllt er seine Bestimmung, findet er sein Heil.

Der Christ weiß im Glauben, daß Gott das letzte und eigentliche Ziel seiner Hingabe ist. Weil das so ist, weil Christsein darum heißt, eingeladen zu sein, sich an Gott liebend zu verschenken, darum sagt Bernhard in einem symbolischen Bild: Christ sein heißt, Braut des göttlichen Bräutigams zu sein.

Braut ist jemand, der dem Bräutigam nacheilt, der auf seine Stimme hören, der auf sein Rufen antworten und sich ihm schenken will, der aber sich, seine Liebe, sein Heil – sein Glück! – noch gefährdet weiß und darum voller Sehnsucht den Tag der Vermählung erwartet, den Tag, wo der Bräutigam der Braut nicht mehr wird genommen werden können und die Braut nicht mehr dem Bräutigam, den Tag, wo es nicht mehr möglich sein wird, nicht zu lieben.

• Indem der Christ Braut des göttlichen Bräutigams ist, gehört er der Kirche an, die in ihrer Gesamtheit ebenfalls Braut dieses Bräutigams ist. Denn man kann nicht Christ sein, ohne zugleich Mitchrist der anderen Christen zu sein. Kirche ist für Bernhard eben mehr als ein Nebeneinander von Individuen. Sie ist das Volk Gottes, der Leib Christi, eben die Braut des Bräutigams Christus. Sie ist dieses Mehr, das den einzelnen Zusammenhalt, Geborgenheit und Leben gibt.

Dabei gehören der Kirche ebenso die Sünder an wie die Heiligen. Als Gesamtheit der Suchenden, Wartenden, Hoffenden – das eben meint das Bild von der Braut – kann die Kirche für die Dauer ihrer Pilgerschaft nicht schon das himmlische Jerusalem sein. Deshalb vergleicht Bernhard die Kirche mit dem Netz, in dem der Fischer gute und schlechte Fische ans Ufer bringt, und er erinnert an die Braut des Hohenliedes, die schwarz und schön zugleich ist: schön ob ihrer Auserwählung und Berufung, schwarz ob ihrer Erdgebundenheit und ihres sterblichen Leibes, in dem das Gesetz der Sünde herrscht. Und das gilt nicht nur für den einzelnen Christen, sondern für die Kirche in ihrer Gesamtheit: Auch sie ist fehlerhaft, sündig, eben noch unterwegs.

- Die Kirche ist gegliedert, strukturiert, hierarchisch geordnet. Es gibt in ihr Ämter. Die, die sie innehaben – die Bischöfe, die Priester, die Prediger des Evangeliums –, sind die Freunde des Bräutigams. Für die Zeit der Abwesenheit des Bräutigams ist ihnen der Schutz der Braut anvertraut. Ihr Auftrag ist nicht die Macht über die Braut, sondern die Sorge um die Braut, nicht „dominatus“ (Macht), wie Bernhard sagt, sondern „cura“ (Sorge). Und unzählige Male wiederholt er die klassiche, schon bei Augustinus häufige Formel: „praesis ut prosis“ – „Du sollst Vorsteher sein, um zu nützen.“

- Die Kirche, in der es zurecht Ämter gibt, ist aber nicht bloß Amtskirche, gewissermaßen Institution, die den Gläubigen gegenübersteht und der sie sich anschließen oder eingliedern müssen. Nein, die Gläubigen selbst sind die Kirche, und die Kirche ist nichts anderes als diese Gemeinschaft der auf dem Wege zu Gott befindlichen Christen und nicht etwas von ihr Verschiedenes. So wie man nicht Christ sein kann losgelöst von der Kirche – das heißt ohne Mitchrist der anderen Christen zu sein –, so kann es auch nicht Kirche losgelöst von den einzelnen Christen geben. Für Bernhard gilt uneingeschränkt: Wir, die Gläubigen, die Getauften, die Christen, wir sind die Kirche.

Gegenüber dem Institutionellen in der Kirche verteidigte Bernhard den Anspruch des gelebten Glaubens. Er traf sich hier gewiß mit den von Köln bis zu den Pyrenäen, von der Bretagne bis nach Norditalien verbreiteten sprirtualistischen Sekten seiner Zeit. Diese wollten nur die persönliche Heiligkeit gelten lassen. In ihrem Übereifer gingen sie so weit, den

Ämtern in der Kirche überhaupt jede Existenzberechtigung abzusprechen. Das aber wiederum rief die Verteidiger des hierarchischen Charakters der Kirche auf den Plan. Diese gingen dann ihrerseits entschieden zu weit und machten aus der Kirche eine juristische Person, unabhängig von den Gläubigen, aus denen sie sich zusammensetzt. Das Ergebnis war dann ein Kirchenbild, das die Kirche zu einer bloßen Heils-Anstalt reduzierte, die sich als Mittlerinstanz zwischen den Menschen und Gott schiebt und es dem Menschen verwehrt, unmittelbar seinem Gott gegenüber zu treten. Übrigblieb eine blutleere, objektive, immer richtige Amtskirche, von der man sich aber auch abwenden konnte, da sie ja nicht mehr je ich selber ist, sondern etwas Drittes, ausgesprochen Störendes zwischen Gott und mir. Und wie die Kirche in dieser Vorstellung auch ohne die Gläubigen bestehen kann – die Institution bleibt und überdauert die Jahrhunderte –, so gingen auch die Gläubigen in zunehmendem Maße auch ihrerseits ohne eine solche Kirche ihrer Wege. Sie suchten das Heil in direktem Kontakt mit ihrem Gott. Bernhard, der das alles zusammengesehen hatte und zusammenhalten wollte, hat diesen Irrweg nicht zu verhindern vermocht.

● Der hohen Meinung, die Bernhard vom geistlichen Auftrag und von den Pflichten insbesondere der Bischöfe hat, entspricht seine hohe Meinung von ihrer Stellung im Organismus der Kirche. Auch sie – die Bischöfe (und nicht nur der Papst) – sind für ihn Stellvertreter Christi, und ihre Autorität ist ihnen nicht vom Papst, sondern von Gott selbst verliehen.

Bernhard sieht in den Tendenzen zur Schmälerung der bischöflichen Autorität eine falsche und gefährliche Übersteigerung der päpstlichen Zentralgewalt, die ihm auf diese Weise als ein Monstrum erscheinen will, wie er wörtlich sagt. Dabei hat Bernhard vor allem das Umsichgreifen der sogenannten Exemption im Auge, der Loslösung von der bischöflichen Hoheit. Durch die damit erfolgende direkte Unterstellung von Klöstern und ganzer Ordensgemeinschaften (wie der Cluniazenser und später auch der Zisterzienser) unter den Papst wird dessen zentrale Gewalt gesteigert, aber auf Kosten der Ortsbischöfe. In die gleiche Richtung zielt Bernhards Kritik daran, daß man in der Kirche immer wieder unmittelbar an den Papst appelliert. Die bischöfliche Autorität wird durch ein solches Unwesen mißachtet und der Papst mit Geschäften überlastet, für die er eigentlich nicht zuständig ist.

● Bernhard anerkennt gewiß die Autorität des Papstes. Der Papst ist für ihn Petri Stellvertreter, ja Christi Stellvertreter – ein Titel, den die Päpste sich erst in diesem 12. Jahrhundert zulegten; aber Bernhard verwendete ihn auch. Für die Zeit der Abwesenheit des Bräutigams hat der Papst die Sorge um die Braut auf sich genommen, das heißt: die Sorge um die ganze Kirche während ihrer Pilgerschaft auf Erden. Um diesem Auftrag gerecht werden zu können, hat er die „plenitudo potestatis", wie Papst Leo der Große es einst formulierte und wie Bernhard es wiederholte: Er kann jeden Bischof und jeden Gläubigen vor seinen Richterstuhl fordern, er kann Bistümer errichten, Bischöfe ordinieren, ihnen einen höheren oder niedrigeren Sitz zuweisen oder aber sie auch absetzen.

Bei allem Respekt vor der Institution des Papsttums prangert Bernhard jedoch mit Schärfe nicht nur die Fehler so mancher Päpste, sondern auch die Fehlentwicklung dieser Institution als solcher an und versucht, sich dieser Entwicklung in den Weg zu stellen. Er beklagt Machtstreben, Verschwendungssucht, Überlastung mit vielfältigen Geschäften nichtreligiöser Natur zum Nachteil von Gebet und Andacht – kurz: weltliches Gehabe. Vor allem beklagt Bernhard, daß es überhaupt einen päpstlichen Hof und eine päpstliche Hofhaltung voller Luxus und Pomp gibt – wobei bezeichnenderweise ausgerechnet im 11. Jahrhundert, also zu Bernhards Zeit bzw. kurz davor, das Wort Kurie („curia" = Hof) aus dem kaiserlichen in den päpstlichen Sprachgebrauch übergegangen war. Dabei scheut er sich nicht, ein Schlüsselwort der Sektierer zu übernehmen und Papst Eugen III. zu schreiben: „In his succedisti non Petro, sed Constantino – Hierin folgst du nicht Petrus, sondern Konstantin."

Ein neues Glaubensverständnis

Die Glaubenswende unserer Tage

Was Glauben meint, hat Martin Buber meisterhaft formuliert mit den Worten: „Wenn an Gott glauben bedeutet, von ihm in der dritten Person reden zu können, glaube ich nicht an Gott. Wenn an ihn glauben bedeutet, zu ihm reden zu können, glaube ich an Gott. … Der Gott, zu dem Daniel in seinem Leid betet, ist mein und aller Gott" (47).

Neben dieser Glaubensweise, die darin besteht, daß ich zu Gott bete, gibt es noch eine zweite. Sie besteht darin, daß ich einen Sachverhalt bzw. einen Satz als wahr anerkenne. Sie findet ihren Ausdruck in dem Bekenntnis: Ich glaube, daß sich etwas so und nicht anders verhält. Einen solchen Glauben nennt Buber „Daß-Glauben" („ich glaube, daß…") oder „Für-wahr-halte-Glauben". Dieser ist in seinen Augen griechischen, nicht biblischen Ursprungs. Und ausgerechnet diese zweite Glaubensweise ist in den Augen Bubers typisch christlich. Sie wurde herausgebildet, so behauptet er, in der Frühzeit des Christentums. Da wurde den Menschen die Erlösung angeboten, wenn sie nur glaubten, daß sie geschehen sei und daß sie so geschehen sei, wie es ihnen verkündigt wurde. Zumindest glaubt Buber sagen zu können, daß diese Glaubensweise im Christentum ihre repräsentative Ausprägung gefunden hat. Geschaffen haben in seinen Augen diese

Kirche von Paray-le-Monial

Weise zu glauben Paulus und Johannes. Für Paulus heißt glauben: glauben, daß Gott Jesus von den Toten auferweckt hat. Das ist nach Römer 10,8 „das Wort des Glaubens, das wir verkündigen". Und dem Johannesevangelium zufolge bekennt Petrus seinen Glauben ebenfalls in einem Daß-Satz, welcher lautet: „Wir haben geglaubt und erkannt, daß du der Heilige Gottes bist" (Johannes 6,69). Beides bedeutet für Buber eine Abkehr von dem, was der Glaube der Bibel ist.

An die Stelle der Hingabe an Gott und damit des Loslassens von allem, was man „hat", tritt das Festhalten an Sätzen, die man „hat". Gott wird ersetzt durch Sätze über ihn. Zumindest wird er zugestellt, verstellt durch Sätze über Gott. Das Ergebnis ist die Gottesfinsternis, die wir beklagen (48) – so wie die Sonnenfinsternis das Ergebnis davon ist, daß für unseren Blick die Sonne vom Mond „zugestellt" wird, so daß man, statt die Sonne zu sehen, nur den Mond sieht und sagt: „Die Sonne ist nicht zu sehen", ja: „Die Sonne ist nicht da." „Das Bild verdeckt den Bildlosen", schreibt Buber ganz in diesem Sinne vom Glauben der Christen (49). Dieser tut es sicherlich nicht grundsätzlich, aber doch de facto, „in der gelebten Gegenwart" (50) – womit Buber dem Christenglauben die Schuld an der Gottesfinsternis zuweist, deren Zeuge wir sind.

In seinem Buch „Buber für Christen – Eine Herausforderung" (51) pflichtet Eugen Biser Buber grundsätzlich zu, auch wenn sein Vorwurf „als die härteste Infragestellung zu gelten (hat), die das Christentum in diesem Jahrhundert erfahren hat" (52). Wird doch nach Bubers Meinung im Christentum an Gottes Statt ein „Bild des unsichtbaren Gottes" ins religiöse Zentrum gerückt. Und „das Bild ... schiebt sich eigengesetzlich in die Unmittelbarkeit, die zwischen Gott und dem von ihm angerufenen Menschen besteht, und läßt ihre Beziehung nur noch bedingt zustande kommen. Im

Glauben gelten dann mehr die von Gott gewußten Inhalte und die sie umschreibenden Sätze als der, in dem sich der Glaubende ‚einwurzeln' und Halt gewinnen könnte." Das gilt aber nicht nur für die Bilder, die man sich von Gott macht, und nicht nur für die Sätze, die man von ihm aussagt. Das gilt für alles, was man sehen, sagen, tun und von dem man meinen kann, wenn man dieses hätte, dann hätte man Gott. Darum fährt Biser fort: „Und im Lebensvollzug gewinnen die Institutionen und gesetzlichen Vorschriften das Übergewicht über die lebendigen Vollzüge, die sie von ihrer Sinnbestimmung her ermöglichen und begünstigen sollten" (53).

Biser akzeptiert das, erkennt auch die Berechtigung der darin zum Ausdruck kommenden Sorge. Aber er fragt zurück: „Wie würde Buber heute urteilen, wenn er die Glaubenswende vor Augen hätte, in welcher der Christenglaube begriffen ist? Und wie würde er votieren, wenn er sähe, daß sich der Christenglaube im Zuge dieser Wende zunehmend als Vertrauensglaube begreift?" (54).

Die Antwort auf diese Frage suggeriert Biser, indem er an anderer Stelle schreibt, „daß sich der Glaube unverkennbar in Richtung auf die Urform zubewegt, die nach Buber dem von Jesus geteilten Glauben der Propheten entspricht. Wenn sich die heutige Glaubenserwartung auf Impulse der Angstüberwindung, des mystischen Trostes und der Befestigung in der Gotteswirklichkeit richtet, dann ist tatsächlich jene glaubensgeschichtliche Wende eingetreten, die der Kritik zuvorkommt und dadurch den Boden entzieht" (55).

Und in seinem Buch „Glaubenswende" schreibt Biser gar: „Vor allem aber trat im Verhältnis von Glaubensakt und Glaubensinhalt eine so starke Umgewichtung ein, daß der von Martin Buber erhobene Vorwurf, der Christenglaube sei im Unterschied zum jüdischen ein Satz-Glaube, heute fast wie ein Schlag ins Wasser wirkt" (56).

Daß christlicher Glaube gelebter Glaube sein muß, ein

dem Du Gottes Gegenübertreten und nicht ein Auswendiglernen von Glaubenssätzen, meint Karl Rahner mit der Forderung, daß jeder Christ ein Mystiker sein müsse. Dazu bemerkt er selbst wörtlich: „Was aber könnte für einen Christen in dieser heutigen Zeit unerläßlicher sein als eine solche Erfahrung, in einer Zeit, die wenige oder fast gar keine äußeren stabilisierenden Elemente für ein christliches Leben aufweist und in der der persönliche, in einer letzten Freiheit und Unmittelbarkeit zu Gott realisierte Glaube praktisch eher die Kirche tragen muß, als daß diese ihn trägt? Wenn man gesagt hat, der Christ der Zukunft sei ein Mystiker oder er sei nicht, und wenn an diesem Wort etwas Wahres ist, dann ist eigentlich diese Schule unmittelbarer Gotteserfahrung in ihrer Bedeutung für die Zukunft ohne weiteres deutlich" (57).

Ähnliches verlangt Josef Sudbrack: „… christlicher Glaube braucht Erfahrung – vielleicht ist damit die Grundaufgabe für das Christentum von heute umrissen" (58).

Mystiker sein, Gott begegnen, Gott erfahren heißt nicht, Visionen zu haben oder etwas derartiges. Es meint vielmehr das Verlangen nach Gott – oder, wie Eugen Biser es unter ausdrücklichem Hinweis auf das genannte Rahner-Wort formuliert: „das Verlangen, zu dem von den Sätzen umschriebenen Inhalt vorzudringen" (59).

Auch der Katechismus der Katholischen Kirche von 1993 stellt in seinem Artikel 170 unter ausdrücklicher Berufung auf Thomas von Aquin fest: „Wir glauben nicht an Formeln, sondern an die Wirklichkeiten, die diese ausdrücken" – nicht an Sätze, sondern an den mit diesen Sätzen gemeinten Gott.

Das, was von Rahner und Sudbrack und aus dem Katechismus zitiert wurde, zeigt beispielhaft die Kehre „vom Satz- und Bekenntnisglauben zum Erfahrungsglauben" und markiert so „die epochale Wende, in welcher die gegenwärtige Glaubensszene begriffen ist" (60).

Das Glaubensverständnis Bernhards

Was es für Bernhard bedeutet zu glauben, wurde deutlich in seiner Auseinandersetzung mit Abaelard. Es ist ganz gewiß nicht das Festhalten an Sätzen und das Stehenbleiben dabei. Das wäre in seinen Augen nicht nur ungenügend, sondern geradezu gottlos – und ist zudem genau das, was Martin Buber mit der Lautstärke und Überzeugungskraft eines alttestamentlichen Propheten anprangerte.

Was Bernhard demgegenüber für richtig hält, erläutert er mit den Worten: „Dort (in den Schulen) lernen wir begreifen, hier (im Kloster) ergriffen sein; Begriffe machen gelehrt, Ergriffenheit macht weise.“ Ja, er geht noch weiter mit der Mahnung: „Wenn du heilig bist, hast du es erfaßt und erkannt, wenn nicht, dann sei es, und du wirst es aus eigener Erfahrung wissen“ (61). Bernhard geht nicht den langen und letztlich doch nicht zum Ziel führenden Weg des gelehrten Wissens. Er geht den kürzeren und sichereren der liebenden Hingabe.

Das zeigt, daß Bernhard den Glauben dem Begreifen überordnet und damit auch dem Formulieren von Glaubenssätzen. Diese können allenfalls, wie auch der neue Katechismus in dem schon erwähnten Artikel 170 erläuternd vermerkt, eine Hilfe sein, sich der mit ihnen gemeinten Wirklichkeit Gottes zu nähern, keinesfalls aber das Sich-Nähern und damit die Hingabe ersetzen. Und darauf kommt es Bernhard an. Deshalb nennt Arnold Angenendt Bernhards nicht bei Sätzen stehenbleibende und sich nicht im Formulieren von Sätzen erschöpfende Theologie eine „Existenztheologie“ (62). Geht sie doch mich selber an. Kann und darf sie doch von mir selbst, meiner Existenz, nicht absehen. Kann und darf man Gott nicht begegnen in der Rolle eines interessierten oder womöglich gar desinteressierten, angeblich objektiven Zuschauers. Vielmehr geht es darum, „daß *ich* das Wort der Offenbarung höre. … Und in diesem guten Sinne ist Bernhard Existenzialist“ (63).

begreifen – ergriffen sein
Begriffe → gelehrt
Ergriffenheit – weise (Bernhard)

Es ist, als habe Bernhard die Gefahr gewittert und die von Buber beschriebene Katastrophe vorausgeahnt, die die Folge der Reduzierung des Glaubens auf den Glauben an bloße Sätze ist. Gewiß darf man Glaubenssätze formulieren. Aber man darf das Glauben dabei nicht vergessen, nicht den Glauben an diese Sätze, sondern den Glauben an das, was, nein, an den, den diese Sätze meinen. Bernhard wollte eben mehr als Worte, mehr als eine rationale Theologie. Er wollte Gott begegnen, Gott persönlich, und zwar als ein unerreichbares und dennoch ihm und uns immer neu aufgegebenes Ziel.

Darum stellte er der kalten und unbeteiligten Begriffszergliederung von Glaubenswahrheiten seine Forderung nach praktischem Glaubensvollzug entgegen – mehr nicht, das aber unerbittlich (64) – und darum schließt er sein Mahnschreiben an Papst Eugen III. (ganz im Sinne Bubers!) mit den Worten: „Man findet Gott leichter, wenn man betet, als wenn man argumentiert“ (65).

Ein neues Gottesbild

Die Wiederentdeckung des Gottesbildes Jesu

Lukas berichtet im vierten Kapitel seines Evangeliums von Jesu Auftreten in der Synagoge von Nazaret. Jesus ließ sich die Schriftrolle reichen, verlas einige Verse aus dem 61. Kapitel des Propheten Jesaja, legte die Schriftrolle wieder beiseite und sagte: Was ihr soeben gehört habt, ist in mir in Erfüllung gegangen: daß den Armen Gutes verkündet wird, daß Blinde das Augenlicht wiedererhalten, daß ein Gnadenjahr des Herrn angebrochen ist. Das alles las er vor – und unterschlug, was bei Jesaja darauf noch folgt: daß damit auch der Tag der Rache und der Vergeltung gekommen ist.

Jesus unterschlägt den Gott der Rache! Der Gott der Rache ist nicht der, den er verkündet. Den gibt es für ihn nicht. Sein Gott ist der ohne jede Vorbedingung liebende

Vater. Eine ungeheuerliche Botschaft! Sie machte ihn „zum größten Revolutionär der Religionsgeschichte, dem es gelang, den Schatten des Angst- und Schreckenerregenden aus dem traditionellen Gottesbild zu tilgen, indem er auf dessen Grund das Antlitz des bedingungslos liebenden Vaters zum Vorschein brachte“ (66). Denn „Jesu Rede vom zuvorkommend verzeihenden Vater setzte das uralte Religionsgesetz der Entsprechung von Tun und Ergehen außer Kraft“ (67).

Und nicht nur durch Reden und Verschweigen tut er das, sondern auch durch sein Handeln. Ist er doch gekommen, nicht Gerechte zu berufen, sondern Sünder, eben die, die es nach menschlichem Ermessen nicht verdient haben. Wir sehen es bei seiner Begegnung mit der Ehebrecherin, die auf frischer Tat ertappt worden ist und von der das Johannesevangelium in seinem 8. Kapitel berichtet. Keine Sühne verlangt er, keine Buße, keine Wiedergutmachung. Und trotzdem, ohne Vorbedingungen und ohne zusätzliche Auflagen, spricht er das Wort der Vergebung: „Auch ich verurteile dich nicht.“

Und ist es so nicht auch mit dem Vater des verlorenen Sohnes, von dem Lukas im 15. Kapitel seines Evangeliums berichtet? Keine Frage wie „Wo bist du gewesen? Was hast du angestellt?“, keine Aufforderung zur Wiedergutmachung, sondern statt dessen ein rauschendes Fest mit Musik und Tanz.

„Tatsächlich entspricht“ – das muß man zugeben – der nicht nur verzeihende, sondern auch rächende, eben „der ambivalente Gott der Menschheitstradition der durch den Wechsel von Licht und Verdüsterung bestimmten Geschichtserfahrung“ (68). Aber desungeachtet fahren die Apostel und Evangelisten fort, eben den Gott Jesu und keinen anderen zu verkünden:

den „Vater des Erbarmens und Gott allen Trostes“ (2 Korinther 1,3);

den, „der gütig ist auch gegen die Undankbaren und Bösen" (Lukas 6,35; vgl. Matthäus 5,45);
den, „der uns gerettet hat – nicht weil wir Werke vollbracht hätten, sondern aufgrund seines Erbarmens" (Titus 3,5).

Dieses Gottesbild mußte sich im Laufe der Jahrhunderte immer wieder Verdunklungen und Entstellungen gefallen lassen – in Andachten, Predigten, rein menschlichen Überlegungen. Immer wieder war man versucht, das unbegreifliche Bild von dem bedingungslos liebenden Vater durch das viel begreiflichere Bild vom „gerechten" Gott zu ersetzen. Die Bösen werden bestraft, die Guten belohnt. Wie sollte man auch sonst dem Bösen Einhalt gebieten, wenn man nicht mehr auf Gottes Gericht hinweisen kann, vor dem es kein Entrinnen gibt!

Trotz allem konnte das Gottesbild Jesu nicht auf Dauer totgeschwiegen und auch nicht totgeredet werden. Auch unserem Jahrhundert scheint es gelingen zu wollen, es wieder neu zu entdecken. An der Schwelle zu diesem Jahrhundert steht Thérèse von Lisieux, die so gerne die kleine Heilige genannt wurde. Ihre Mitschwestern im Karmelkloster waren bemüht, Bußwerke zu verrichten, um ihre eigenen Sünden und die der Welt zu sühnen und so Gottes Zorn von dieser Welt abzuwenden. Das glaubten sie der göttlichen Gerechtigkeit schuldig zu sein. Ihr – der göttlichen Strafgerechtigkeit – opferten sie ihr Leben auf, und das zumeist in einem förmlichen Weiheakt.

Thérèse machte das nicht mit. Sie opfert sich nicht Gottes Gerechtigkeit auf, sondern Gottes barmherziger Liebe. Und Gottes Gerechtigkeit? Auf solch eine Frage gibt sie die Antwort: „Daß Gott gerecht ist, das heißt, daß er unserer Schwäche Rechnung trägt, daß er um die Gebrechlichkeit unserer Natur genau weiß" (69).

Vor einem solchen Gott braucht niemand Angst zu haben. Im Gegenteil. Als ihre Schwester Léonie sie fragt, ob sie sich denn nicht vor dem Sterbenmüssen fürchte, schreibt Thérèse – schon vom Tode gezeichnet – in ihrer kindlichen Sprache: „Ich brauche keine Vorbereitungen zu treffen. Jesus selbst wird alle Reisekosten zahlen müssen, auch den Preis für die Eintrittskarte in den Himmel" (70).

„Vertrauen und Liebe", so lauten die letzten Worte ihrer Selbstbiographie. Und weil sie nicht mehr die Kraft hat weiterzuschreiben, bittet sie ihre Schwester Pauline, zur Verdeutlichung noch hinzuzufügen: „Auch wenn ich alle nur erdenklichen Verbrechen begangen hätte, hätte ich doch immer noch das gleiche Vertrauen. Ich bliebe mir bewußt, daß diese Unmengen von Beleidigungen wie ein Wassertropfen wären, der in einen Glutofen fällt" (71).

Und eben diese Thérèse wurde von Papst Johannes Paul II. 1997 zur Kirchenlehrerin erhoben. Weshalb er das tat, konnte man der Predigt entnehmen, die er 1980 in Lisieux gehalten hatte. Dabei nannte er Thérèse eine „zeitgenössische Heilige", weil sie das Bewußtsein geweckt habe, Abba-Vater zu Gott sagen und ihm zutiefst vertrauen zu können. Und das sei besonders wichtig für eine Generation, die von Ängsten und mangelndem Vertrauen gezeichnet ist (72).

Dessen ungeachtet wurde auch in den auf Thérèse folgenden Jahrzehnten die These vom „gerechten" Gott, der auf Sühne und Strafe für jede Untat beharrt, immer wieder vertreten. Kein Geringerer als Joseph Ratzinger hat sie als falsch zurückgewiesen, – erst recht das, was daraus im allgemeinen Bewußtsein geworden ist, nämlich die Vorstellung von einem Gott, dessen unnachsichtige Gerechtigkeit sogar ein Menschenopfer, das Opfer seines eigenen Sohnes, verlangt habe.

„So verbreitet dieses Bild ist, so falsch ist es", schreibt Ratzinger wörtlich und fährt dann fort: „Für den, der genauer zusieht, drückt sich in der Kreuzestheologie der Schrift wahrhaft eine Revolution aus gegenüber den Sühne- und

Erlösungsvorstellungen der außerchristlichen Religionsgeschichte, wobei freilich nicht zu leugnen ist, daß im späteren christlichen Bewußtsein diese Revolution weitgehend wieder neutralisiert und selten in ihrer ganzen Tragweite erkannt worden ist. In den Weltreligionen bedeutet Sühne gewöhnlich die Wiederherstellung des gestörten Gottesverhältnisses mittels sühnender Handlungen der Menschen…

Im Neuen Testament sieht die Sache fast genau umgekehrt aus. Nicht der Mensch ist es, der zu Gott geht und ihm eine ausgleichende Gabe bringt, sondern Gott kommt zum Menschen, um ihm zu geben. Aus der Initiative seiner Liebesmacht heraus stellt er das gestörte Recht wieder her, indem er durch sein schöpferisches Erbarmen den ungerechten Menschen gerecht macht, den Toten lebendig. Seine Gerechtigkeit ist Gnade; sie ist aktive Gerechtigkeit, die den verkrümmten Menschen richtet, das heißt zurechtbiegt, richtig macht. Hier stehen wir vor der Wende, die das Christentum in die Religionsgeschichte getragen hat: Das Neue Testament sagt nicht, daß die Menschen Gott versöhnen, wie wir es eigentlich erwarten müßten, da ja sie gefehlt haben, nicht Gott. Es sagt vielmehr, daß ‚Gott in Christus die Welt mit sich versöhnt hat' (2 Korinther 5, 19)" (73).

In seiner monumentalen „Einweisung ins Christentum" macht Eugen Biser sich die Überlegungen und Richtigstellungen von Joseph Ratzinger zu eigen. Auch er fordert eine Rückbesinnung auf die neutestamentliche Botschaft von dem „Himmel der alles läuternden und mit sich versöhnenden Liebe", eine Botschaft, „welche die alten Zweifel, ob Gott geliebt oder gefürchtet sein wolle, ein für allemal beseitigte". Er bedauert zutiefst die Tragik, die darin liegt, daß ausgerechntet diese eigentliche Frohbotschaft so vielen „wie die Nachricht von einem fernen Stern erscheinen will" (74).

So vielen? Nicht allen. Noch unlängst hat auch das Diözesanforum des Bistums Münster sich ausdrücklich zu eben

Vézelay: Gewölbe der Basilika

dieser Frohbotschaft bekannt. Seine Empfehlungen, die der Diözesanbischof Reinhard Lettman sich ausdrücklich zu eigen gemacht und in das Bistum weitergegeben hat, enthalten folgende Aussage: „Wir haben in unserer Kirche den Glauben oft zu sehr auf ein System von Geboten und Verboten reduziert. Das Gottesbild war vielfach von der Vorstellung geprägt, sich die Liebe Gottes durch Wohlverhalten verdienen zu können und auch verdienen zu müssen. Unser Gott aber ist ein Gott, der jeden Menschen mit all seinen Fähigkeiten, Bedürfnissen und Wünschen, aber auch mit seinen Ängsten, Problemen und Fehlern annimmt und bedingungslos liebt. Er sagt auch dann noch ‚JA' zu uns, wenn wir schuldig geworden sind" (75).

Wie eine Bestätigung dieser von Thérèse, Ratzinger, Biser, Bischof Lettmann und manch anderem (76) angemahnten Rückbesinnung auf das Gottesbild Jesu und des Neuen Testaments ist die vom Lutherischen Weltbund und Vatikanischen Einheitsrat vereinbarte Gemeinsame Erklärung zur Rechtfertigungslehre. Darin heißt es unter anderem wörtlich, „daß Gott aus Gnade dem Menschen die Sünde vergibt und ihm zugleich das neue Leben in Christus schenkt" und „daß die Gläubigen sich auf die Barmherzigkeit und die Verheißungen Gottes verlassen können" (77).

Gottes Güte ist, wie Joseph Ratzinger in einem anderen Zusammenhang schreibt, stärker als alles menschliche Versagen (78).

Das Gottesbild Bernhards

Jesus hat das uralte Religionsgesetz außer Kraft gesetzt, wonach das, was man tut, und das, was man an Lohn oder Strafe erfährt, einander entsprechen muß. „Zum Mittelalter hin ist (jedoch) zu beobachten, daß Gottes Güte und menschliches Handeln wieder gegeneinander austariert und verrechnet wurden. Die alte Tun-Ergehen-Korrespondenz trat erneut in Funktion: für Verdienst den Lohn, für Sünde die Strafe" (79).

Dabei war es vor allem die Angst vor der Strafe, die zunehmend das Bild von dem bestimmte, der – wie es im christlichen Glaubensbekenntnis heißt – „wiederkommen wird zu richten die Lebenden und die Toten". „Die hochmittelalterlichen Theologen stellen den Wiederkommenden (dementsprechend) … ganz mit den düsteren Zügen unerbittlicher Strenge dar" (80).

Im 11. Jahrhundert lebte das Abendland in Angst. Besonders dem Jahre 1033 – tausend Jahre nach Jesu Tod am Kreuz – sah man mit Schrecken entgegen. Würde es nicht den Weltuntergang bringen? Schließlich konnte man im 20. Kapitel der Geheimen Offenbarung des Johannes „nachlesen, daß der Satan, ‚wenn tausend Jahre vollendet sind', von seinen Ketten befreit wird. … Auf diese Verheißung beriefen sich die Priester, die dem Volk … predigten, ‚der Antichrist erschiene am Ende des tausendsten Jahres (nämlich 1033), und bald darauf käme das Weltgericht'" (81).

Das Jahr 1033 ging vorüber. Das Weltgericht fand nicht statt. Doch der Schrecken blieb – und mit ihm die Vorstellung, man müsse durch Gebet und Werke der Buße alle Untaten wiedergutmachen, um dem göttlichen Strafgericht zu entgehen.

Wer all diese Befürchtungen, Stimmungen, aber auch angeblich vernünftigen Überlegungen in ein System brachte, war der frühscholastische Theologe und Erzbischof von Canterbury Anselm († 1109). Seine These lautete: „Gott selbst ist unausweichlich an die Gerechtigkeit gebunden, und Sünden kann er nur bei Wiedergutmachung, nicht aber aus gnädigem Verzeihen nachlassen" (82). Anselm „schien es ganz unmöglich, die Barmherzigkeit Gottes könne größer sein als seine Gerechtigkeit, d. h. seine Rache" (83).

Und Bernhard? Mit ihm beginnt die Furcht vor dem Richter, die das 11. Jahrhundert beherrscht hatte, der Freude über den Wiederkommenden, der ewiges glückseliges Leben verheißt, zu weichen. Mit ihm beginnt das Gottesbild Jesu wieder Gestalt anzunehmen. „Hatte noch Anselm es als ganz unerträglich bezeichnet, daß ‚das Geschöpf dem Schöpfer die schuldige Ehre nimmt und nicht abbezahlt, was es nimmt,‘ so hält Bernhard es für unzureichend, Gott ‚nur in seiner Gerechtigkeit und ohne Barmherzigkeit‘ zu sehen. Vielmehr beruft er sich auf das Wort: ‚Deus caritas est‘ – ‚Gott ist die Liebe‘ (1 Johannes 4, 8). Keine andere Bibelstelle bedeutete dem Zisterzienser mehr als diese.“

So schreibt Arnold Angenendt in seiner Geschichte der Religiosität des Mittelalters und zitiert sodann aus einer Weihnachtspredigt Bernhards die Sätze: „Also wird er (Gott) füglich nicht der Vater des Gerichtes und der Rache genannt, sondern der Vater der Erbarmungen. Einmal liegt es wohl einem Vater mehr, sich zu erbarmen als zu zürnen … Dann aber nimmt er aus sich selbst noch Grund und Ursache des Erbarmens“ (84).

Gewiß: Auch Bernhard versteht es – das sei zugegeben –, mit Gericht und Hölle zu drohen und selbst vor dem Richtergott zu erschaudern, so wie auch Augustinus, als er sich Gott gegenübergestellt sah, nicht nur entbrannte vor Liebe, sondern auch erschauderte vor Furcht: et inhorresco et inardesco, schreibt er in seinen Bekenntnissen (XI, 9, 11). In Bernhards Predigten zum Hohenlied finden sich tatsächlich Sätze wie diese: „Er, ja, er ist zu fürchten, der, nachdem er den Körper erschlagen hat, die Macht besitzt, ihn auch in die Hölle zu werfen. … Ich habe Angst vor der Unterwelt, Angst vor dem Antlitz des Richters, das sogar den Gewalten der Engel Schrecken einflößt. Ich erbebe vor dem Zorn des Mächtigen. … ich erbebe vor den Zähnen der Höllenbestie … Ich erschaudere vor dem nagenden Wurm und dem sengenden Feuer. … ich schaudere vor der äußersten Finsternis“ (85).

Doch dann erschrickt er offenbar selbst vor solchen Aussichten und fühlt sich bemüßigt, seine Mönche zu beruhigen „mit der Versicherung, sogar Judas Iscariot (dessen Verurteilung zur Hölle für das Mittelalter unanzweifelbar war) hätte noch Gnade gefunden, wenn er Zisterzienser geworden wäre!" (86).

Ganz gewiß spielen bei solchen und ähnlichen Äußerungen (wie den zitierten aus seinen Predigten zum Hohenlied) pädagogische Absichten eine Rolle. In einer Rede an die Pariser Kleriker verweist Bernhard auch einmal auf das unauslöschliche Höllenfeuer und trägt sodann selbst den Merkvers vor: qui pavet, cavet – wer Angst hat, nimmt sich in acht (87). Deshalb also diese Drohrede!

Ob Bernhard in seiner Verkündigung eines drohenden und zugleich – wie wir sehen werden – über die Maßen liebenden, und zwar von sich aus liebenden Gottes auch die Chimäre seiner Zeit ist, als die er sich selbst bezeichnet hat? Oder ob Bernhard diesen düsteren Hintergrund nur malt, damit das Bild von dem verzeihenden Gott, das er uns vermitteln will, davor nur um so leuchtender erstrahlt? Man möchte es fast meinen. Denn bei Bernhard finden wir vor allen Dingen die ganz anderen Aussagen: Aussagen, die Mut machen, die aufbauen, die das Gottesbild Jesu wiedererkennen lassen.

In seinem Traktat über die Taufe weist er die Vorstellung zurück, Erlösung sei nur möglich durch die Taufe. Denn Gott ist einer, „der lieber belohnt als straft" (88). In seinen Predigten über das Hohelied schreibt er, „daß dieser Bräutigam nicht nur eine Liebender, sondern die Liebe selbst ist! Nicht die Ehre? Vielleicht verficht dies jemand – ich habe dies nicht gelesen. Gelesen habe ich dagegen, daß Gott die Zuneigung ist. Daß er die Ehre oder die Würde ist, habe ich nicht gelesen" (89).

Und an anderer Stelle seiner Predigten über das Hohelied sagt er, „wie gütig und ansprechbar, wie wirklich gnädig und barmherzig und wie unerschütterlich er trotz meiner Schlechtigkeit ist. Das liegt daran, daß er von Natur aus die Güte ist, und daß es seine Wesensart ist, immer zu verzeihen und zu verschonen" (90). Wenn man das liest, meint man tatsächlich, seine Höllenpredigten müßten wohl ein Ausrutscher gewesen sein!

Noch etwas darf nicht vergessen werden. Bernhard ist derjenige, der mehr und früher als andere betont hat, daß Gott Mensch und damit unser Bruder geworden ist – der Gott, den andere nur als den furchtbaren, übermächtigen, jenseitigen sehen wollten. Mit Bernhard beginnt die Wiederbesinnung, ja die „Konzentration auf den irdischen Jesus, der im frühen Mittelalter gegenüber der Gottheit ganz zurückgetreten war" (91).

„Die Predigten des Bernhard von Clairvaux suchen (dementsprechend) die Angst vor dem richtenden Christus dadurch zu mildern, daß sie den zum Gericht Wiederkommenden als Menschen schildern" (92) – und damit als den, der – wie es der Hebräerbrief tröstend sagt – mit uns und unseren Schwächen mitfühlen kann (vgl. Hebräer 4, 15). Bernhard weiß genau, was er damit sagt: „Wahrhaftig, was der Majestät scheinbar verlorenging, das wuchs der Güte zu" (93).

Das ist das Gottesbild, das Bernhard der Christenheit hinterließ, vor allem seinen Ordensbrüdern und Ordensschwestern. Es wurde vergessen, verfälscht, übertüncht – und doch immer wieder neu entdeckt, nicht erst heute, sondern auch in früheren Jahrhunderten.

Wer sich – ganz im Sinne Bernhards – von der immer wieder verbreiteten Sentenz des jede Sünde strafenden Gottes freizumachen vermochte, war Gertrud die Große von Helfta (94) (1254–1301/02), Zisterzienserin, Mystikerin, Heilige. Was ihr Gott statt dessen bedeutet, schildert sie in ihrem Buch, das den bezeichneden Titel Trägt: „Gesandter der göttlichen Liebe“, wobei ihr Buch – lateinisch „liber“ – der Gesandte ist. Darin berichtet Gertrud (in Buch II, Kapitel III) (95) von ihrer eigenen Bekehrung, der Bekehrung nämlich von einem sinnlosen Bloß-in-den-Tag-hinein-Leben zu einem Leben des Glaubens und der Liebe zu Gott. Und sie fragt sich – und sie fragt Gott –, wem sie diese Kehre wohl zu verdanken habe. Die Antwort, die sich ihr aufdrängt und die sie betend Gott vorträgt, lautet: „Aber vielleicht wolltest Du, daß ich am eigenen Leibe erfahre, was der heilige Bernhard sagt: ‚Wenn wir fliehen, Du folgst uns nach; kehren wir den Rücken, Du trittst uns vors Angesicht. … Weder Beschämung noch Verachtung kann Dich dahin bringen, Dich abzuwenden; Du bist unermüdlich, uns zu jenen Freuden zu ziehen, die kein Auge gesehen und kein Ohr gehört hat und die noch nie in eines Menschen Herz gekommen sind‘“ (96).

Was ist dieses Wort anderes als die Neuformulierung der Botschaft Jesu von dem Hirten, der sich selber aufmacht, das Verlorene zu suchen, und der nicht ruht und nicht rastet, bis er es gefunden hat, und das nicht, um es zu richten und zu bestrafen, sondern um es, wie im Lukasevangelium nachzulesen ist (15,5 f), auf seine Schultern zu nehmen und nach Hause zu tragen, um dort alle Freunde und Nachbarn zusammenzurufen und ihnen zu sagen: Freut euch mit mir, denn ich – ich selbst – habe wiedergefunden, was verloren war.

So ist der Gott, den Jesus verkündete – und mit ihm Bernhard von Clairvaux.

„Man findet Gott leichter, wenn man betet, als wenn man argumentiert“
Bernhard an Papst Eugen III

TAIZÉ

Taizé: Dreimal am Tag läuten die Glocken zum Gottesdienst

Was man dort sieht und erlebt

In Tournus schon weisen Straßenschilder den Weg: Ozenay, Brancion, Cormatin. Zwischen Wiesen, Wäldern, Feldern. Durch verschlafene Dörfer mit alten romanischen Kirchen. Jede ein Schmuckstück. Dann, nach etwa 30 km, auf einem Hügel: Taizé.

Große Parkplätze (auch Grasflächen, die dafür herhalten), viele Autos (auch Busse) und vor allem viele Menschen, Jugendliche zumal. Sie treffen sich hier – zu Dutzenden, zu Hunderten, zu Tausenden. Einige – die wenigsten – kommen nur für einige Stunden, andere für mehrere Tage oder auch eine ganze Woche. Alle kommen von sich aus, freiwillig. Weil sie gehört haben, daß dort der Gottesdienst so schön ist, daß dort jeder willkommen ist, daß alle sich verstehen. Und sie scheiden von Taizé wie der müde Wanderer, der an dem kühlenden Wasser einer Quelle seinen Durst gelöscht, sich erquickt und gestärkt hat. So empfand und so sagte es Papst Johannes Paul II., als er am 5. Oktober 1986 Taizé besuchte (1). Sie beten miteinander und mit den Brüdern von Taizé, singen miteinander, schweigen miteinander. Sie hören Worte der Besinnung über einen Bibeltext, gesprochen von einem der Brüder oder – am Samstagabend – von Frère Roger selbst. Seine Worte sind wie ein Schatz, den man festhalten und nie mehr verlieren möchte.

Man sieht die Baracken, im Sommer die vielen großen Zelte, die einfachen Unterkünfte der Gäste, das Haus der Brüder, die Räume, die zum Gebet, zur Meditation, zur Aussprache genutzt werden, und die Kirche der Versöhnung. Einfach ist sie, nicht für die Ewigkeit gebaut. Um dem wachsenden Zustrom der vielen vor allem jungen Menschen gewachsen zu sein, wurde sie über die Jahre Stück um Stück erweitert. Ihre Schlichtheit und ihre meditative Atmosphäre beeindrucken. Diese Kirche lädt ein. Kommt und seht, feiert mit. Dazu seid ihr doch gekommen.

Am Sonntagmorgen um 10 Uhr: Feier der Eucharistie – so wie sie von ihrem Ursprung her gemeint ist: Danksagung. Gott danken dafür, daß es ihn gibt; daß er uns mag, so wie wir sind; daß er unter uns weilt in seinem Wort und in dem Brot des Lebens, in der so wohltuenden Gemeinschaft derer, die mit uns suchen und hoffen, in dem Fragen unseres Herzens, im Schweigen und Singen der vielen.

Die Brüder in ihren weißen Gewändern hocken sich in den mittleren Gang, zwichen alle Besucher. Sie kommen einzeln, in wohltuender Ungezwungenheit, nicht in geschlossener Prozession. Zuletzt die ehrfurchtgebietende Gestalt von Frère Roger Schutz, einer von ihnen, ohne Brustkreuz, das er als Gründer und Prior früher einmal trug – als Zeichen seines Auftrags. Die vielen Teilnehmer, die ohne Hast gekommen sind, kauern sich auf den Boden oder setzen sich auf mitgebrachte Hocker. Für ältere Besucher gibt es Bänke an den Wänden.

Der Gottesdienst beginnt, sanft, einladend, unaufdringlich. Gesänge, Gebete, Lesungen. Und – Stille. Stille, in die einzutauchen bewegt, mehr als eine Predigt. Stille, die zu sich selbst kommen läßt. Stille, die Hoffnung, Vertrauen, das Gefühl des miteinander Verbundenseins aufkeimen läßt. Die sich an Jesu Wort erinnern läßt, ohne daß es noch kommentiert werden müßte: Kommt alle, die ihr Mühsal habt, die ihr unter der Last eures Lebens stöhnt; ich will euch aufatmen lassen.

Gabenbereitung, dreimal heilig, das Vermächtnis Jesu, sein Gebet – das Vaterunser –, das heilige Mahl. Dazu Gesänge, die Gesänge von Taizé, in der Herz und Geist mitschwingen lassenden Vertonung von J. Berthier und R. Giscard. Sie wollen und sollen nicht enden, diese Lieder. Man will sie nicht lassen. In vielen Sprachen. Jeder in der seinen und doch gemeinsam.

Langes Verweilen auch nach dem Schluß der Feier. Niemand schaut auf die Uhr. Hier möchte man bleiben, verweilen. Hier fühlt man sich zu Hause. Hier findet sich, was man sucht: sich loslassen dürfen und sich loslassen können, angenommen sein.

Wenn man sich umhört, ins Gespräch kommt, was mühelos und ohne Scheu an diesem Ort geschieht, erfährt man auch das andere, das die vielen, die herkommen und längere Tage hier bleiben, so anzieht: daß sie sich aussprechen können; daß sie jemanden finden, der ihnen zuhört; daß sie keinen Zwang erfahren; daß sie ernst genommen werden; daß sie sie selbst sein können; auch fröhlich sein können; daß sie hier ihre Sorgen Gott überlassen und sich bei ihm ausruhen können. Sie spüren: Hier wird das Wort Jesu gelebte Wirklichkeit: Habt keine Angst, ich bin bei euch, alle Tage und allerorten. Ihnen wird Mut gemacht, das, was sie hier erfahren, weiterzugeben und nach ihrer Heimkehr Boten der Liebe, der Freude, des Friedens zu sein. Gelöstheit, Geborgenheit, Nicht-allein-gelassen-sein: Das ist Taizé.

Ganz gewiß nicht zurechtfinden wird sich hier der, dessen Traum von Kirche eher dem eines Kasernenhofs gleicht. Wo Regeln des Befehlens und Gehorchens gelten, wo Ordnung herrscht.

Zurecht- und wie zu Hause finden wird sich der, der bereit ist zu lernen, daß „unser wahres Menschsein sich nicht im Haben erfüllt“, sondern im Sich-lassen, „im sich lassenden Gottinnesein, das frei und selig macht“, um den spanischen Mystiker Johannes vom Kreuz zu Wort kommen zu lassen (2).

Wie Taizé entstand

Es begann mit dem Entsetzen darüber, daß im ersten Weltkrieg Christen Christen töteten – und mit dem Nichtbegreifen-Können, daß Protestanten und Katholiken sich Christen nennen und dennoch einander aus dem Weg gehen. Das waren die Gedanken, die Roger Louis Schutz, der am 12. Mai 1915 in dem kleinen Schweizer Juradorf Provence geboren wurde, von Jugend an betroffen machten. Seine Großmutter artikulierte sie – und schritt zur Tat. In Nordfrankreich, wo sie zu Beginn des ersten großen Krieges wohnte, nahm sie die in ihr Haus auf, die auf der Flucht vor den deutschen Truppen ihr eigenes Haus hatten verlassen müssen. Nach dem Krieg zog sie zu ihrem Schwiegersohn in die Schweiz. Als evangelische Christin besuchte sie auch die katholische Kirche, empfing gar die Kommunion – und verleugnete doch nicht ihre ursprüngliche Konfession. Sie wollte zumindest für sich selbst und in sich selbst die Versöhnung vollziehen.

Auch Rogers Vater, evangelischer Pfarrer, scheute sich nicht, in katholischen Kirchen zu beten. Roger – noch ein Kind – tat es ebenfalls.

Gerne wäre er Schriftsteller geworden. Doch auf Wunsch (und Drängen) des Vaters studierte er Theologie: in Lausanne, in Straßburg und – als 1939 der zweite große Krieg ausbrach – erneut in Lausanne. Mit Gleichgesinnten gründete er eine Gemeinschaft. Grande Communauté nannte sie sich. Man traf sich zu Glaubensgesprächen, zu Einkehrtagen, zum Gebet. Der Gedanke an die Gründung einer festen Gemeinschaft reifte. Zugleich bedrückte ihn, was er von Frankreich, dem Land seiner Mutter und seiner Großeltern, erfuhr: Menschen auf der Flucht. Sein Entschluß war gefaßt: in Frankreich ein Haus zu finden, wo er beten und wo er Flüchtlinge aufnehmen könnte.

Mit dem Fahrrad machte er sich auf den Weg, zunächst nach Burgund, wo ein Onkel von ihm wohnte. Er fand ein Haus. Es lag in Taizé, einem halbzerfallenen Dorf – nur zwei Kilometer südlich der Demarkationslinie, die Menschen von Menschen trennten, und – was ihm bezeichnend schien – zwischen Cluny und Citeaux, den beiden Ausgangspunkten monastischer und kirchlicher Erneuerung.

Sein Haus wurde zu einem Versteck und zu einer Durchgangsstation für politische Flüchtlinge, Juden zumal, – und zugleich zu einem Haus des Gebetes. Einen eigenen Gebetsraum richtete er ein. Dreimal am Tage zog er sich dorthin zurück. Er wurde bemerkt, denunziert, von der Polizei beschattet, durfte keine Flüchtlinge mehr aufnehmen, wollte er sie nicht gefährden, mußte gar Frankreich wieder verlassen und in die Schweiz zurückkehren.

Er fuhr fort, mit den Mitgliedern seiner Grande Communauté zu beten – wiederum dreimal am Tag. In einer kleinen Broschüre – betitelt *„Klärende Bemerkungen"* – faßte er seine Vorstellungen von einem gemeinsamen Leben zusammen. Es sollte ein Leben des Gebetes, der Nächstenliebe und des Dienstes an der Einheit der Christen sein. Als Verfasser gab er an: Communauté de Cluny. Weitere Bücher folgten: seine Diplomarbeit (1943) über die Vereinbarkeit monastischen Lebens mit der Treue zum Evangelium, auf deren Grundlage er zum evangelischen Pfarrer ordiniert wurde, eine Einführung in das gemeinsame Leben (1944), später die Regel von Taizé (1952/53). Doch schon jetzt, in Genf, realisiserte er, was er später näher erläuterte. Mit drei anderen Studenten – Max Thurian, Pierre Souvairan, Daniel de Montmollin – bezog er eine gemeinsame Wohnung. Sie beteten regelmäßig

Taizé: Die alte Dorfkirche

in einer Seitenkapelle der Kathedrale. Sie verpflichteten sich zu Ehelosigkeit und Gütergemeinschaft. Sie waren bereit, ihr neues Leben in Taizé fortzusetzen.

Im Herbst 1944 war es dann soweit. Roger kehrte nach Frankreich zurück, diesmal begleitet von drei Brüdern. Das Haus in Taizé wurde erneut ein Haus des Gebetes und der Nächstenliebe. Diese galt jetzt den deutschen Kriegsgefangenen. In zwei Lagern in der Nähe hausten sie, die jetzt die Ärmsten waren. Die Brüder von Taizé besuchten sie, luden die, die in ihrer Nähe arbeiteten, zu sich ein, ließen sie die Kluft zwischen Siegern und Besiegten vergessen.

Die Brüder lebten von ihrer eigenen Arbeit, konkret: zunächst von einem landwirtschaftlichen Betrieb, den sie aufbauten, später von Büchern und Schallplatten, die sie vertrieben. Spenden und Erbschaften lehnten sie ab. In ihrem Haus befand sich noch die von Roger bei seinem ersten Aufenthalt eingerichtete Kapelle. Die romanische Dorfkirche stand derweil – mangels Priester – leer. Der Regionaldekan gestattete Roger, dort mit seinen Brüdern morgens, mittags und abends zu beten. Sie wurden „verpetzt" und aufgefordert, die Kirche nicht mehr zu betreten. Roger wandte sich an den Bischof von Autun, in dessen Bistum Taizé lag. Dieser fragte vorsichtshalber den Nuntius. Der Nuntius willigte ein. Es war Angelo Giuseppe Roncalli, der spätere Papst Johannes XXIII. 1949 legten sieben Brüder in dieser katholischen Kirche ihre Gelübde ab: Ehelosigkeit, Gütergemeinschaft, Anerkennung des Dienstes eines Priors.

Der Erzbischof von Lyon, Kardinal Gerlier, wurde auf Taizé aufmerksam. Er bewog Roger, mit ihm nach Rom zu fahren. Sie wurden von Papst Pius XII. empfangen. Sie erläuterten ihm die Notwendigkeit, die Tür zur Begegnung der Konfessionen offenzuhalten. Kurz zuvor hatte das Heilige Offizium – heute Glaubenskongregation – den Katholiken die Teilnahme an ökumenischen Veranstaltungen untersagt, als enttäuschende Antwort auf die 1948 in Amsterdam erfolgte Gründung des Ökumenischen Rates der Kirchen. Pius XII. machte Zugeständnisse: Die Ortsbischöfe sollten von Fall zu Fall über die Zulässigkeit einer Beteiligung von Katholiken an ökumenischen Aktivitäten entscheiden.

1950 fuhr Frère Roger erneut nach Rom. Der Präsident der Fédération Protestante de France, Pfarrer Marc Boegner, tadelte ihn deshalb. 15 Jahre später fuhr er selbst nach Rom und traf sich mit Papst Paul VI. Und Frère Roger setzte derweil seine Rombesuche fort. 1952, 1954 und 1955 nahm er dort an ökumenischen Treffen teil. Doch es waren noch Jahre des Nicht-Verstehens. Roger mußte gar einen demütigenden Rückschlag erfahren. In der Dorfkirche von Taizé hatte er Gebetstexte ausgelegt und damit alle (also auch katholische) Besucher zum Beten eingeladen. Der Fall wurde „gemeldet" – bis hin zum Heiligen Offizium in Rom. Dieses entschied: Frère Roger darf weiter in dieser Kirche beten, aber es darf dort keine katholische Messe mehr gefeiert werden. Roger schwieg. Doch der Bischof von Autun war entsetzt. Er bat um Aufschub der Veröffentlichung dieser Entscheidung. Da starb Pius XII. Der neue Papst war Angelo Roncalli. Damit war die Angelegenheit vom Tisch. In der Dorfkirche von Taizé durfte weiter evangelisch gebetet und katholisch die Messe gefeiert werden.

Der neue Papst – Johannes XXIII. – empfing Frère Roger, einmal, zweimal, viele Male. Jedes Gespräch war für Roger wie ein kleiner Frühling, erst recht, als der Papst ein Ökumenisches Konzil ankündigte, das dazu beitragen sollte, den Zwist zwischen den Konfessionen zu beenden.

1960 und erneut 1961 trafen sich in Taizé etwa zehn katholische Bischöfe und fünfzig evangelische Pfarrer. Doch nicht nur diese kamen, sondern viele mehr: Neugierige, Suchende, für die Sache der Ökumene Begeisterte – vor allem Jugendliche, und zwar aus Frankreich, der Schweiz,

Deutschland, England, Holland. Die Dorfkirche von Taizé erwies sich als zu klein. Der Bau einer größeren Kirche und zugleich eines Jugendzentrums wurde notwendig. Freiwillige aus Deutschland halfen dabei – im Rahmen der Aktion Sühnezeichen. 1962 war die neue Kirche fertig. Sie erhielt den Namen „Kirche der Versöhnung". Ihre Einweihung gestaltete sich zu einer ökumensichen Versammlung großen Ausmaßes. Denn es kamen Pfarrer Boegner aus Paris, der Ratsvorsitzende der Evangelischen Kirche in Deutschland, Mitglieder des Zentralkomitees des Ökumenischen Rats in Genf, ein katholischer Bischof, ein anglikanischer Bischof, ein orthodoxer Metropolit.

Doch es zeigte sich bald: Auch die neue Kirche war zu klein. Acht Jahre später wurde die Fassade durch breite Türen ersetzt. So konnte man sie bei Bedarf durch Großzelte erweitern. Aber auch dies war nicht von Dauer, weil die regelmäßig notwendigen Reparaturen der von den garstigen burgundischen Winden zerzausten Zelte zu aufwendig wurden. Achtzehn Jahre später wurden sie durch geräumige Vorbauten ersetzt und die Kirche noch einmal erweitert, um die Tausenden aufnehmen zu können.

Ebenfalls erwies sich ein zunächst in Cormatin, einem Nachbardorf, errichtetes Jugendzentrum als zu klein und zudem zu weit abgelegen. In Taizé selbst errichtete die Communauté de Taizé – so der Name der Brüdergemeinschaft um Frère Roger – ein größeres, einfaches Gästehaus, Barackentrakte und viele Zelte für die Sommermonate.

Die Gemeinschaft der Brüder von Taizé wuchs. Sie begann, auch anderswo kleine Bruderschaften zu gründen: in Algerien zunächst und in Montreau-les-Mines, einer Industriestadt nördlich von Taizé, in späteren Jahren auch anderenorts: in Europa, in Afrika, in Nord- und Südamerkika, in Asien. Die Brüder wollten das Leben der Zu-kurz-Gekommenen, der Vergessenen, der Ärmsten teilen.

Das Zweite Vatikanische Konzil (1962–1965) sah von Anfang an Frère Roger und Frère Max als Beobachter in Rom. Papst Johannes XXIII. starb. Frère Roger spürte, ohne es erklären zu können: Mit ihm sollte eine große Hoffnung zu Grabe getragen werden, von dem Zueinander der Konfessionen würde allenfalls ein friedliches Nebeneinander übrigbleiben.

Trost gab ihm die Wahl Montinis zum neuen Papst. Das Konzil ging weiter. Frère Roger konnte in Rom viele und bleibende Freundschaften begründen. Mit Papst Paul VI. selbst verstand er sich ausgezeichnet. Einige Jahre später lud der Papst ihn gar ein, mit ihm und in seinem Flugzeug zum Eucharistischen Kongreß nach Bogota zu reisen. Und der Fraternität in Taizé schenkte der Papst einen goldenen Kelch.

1988 nahm Frère Roger an der Tausendjahrfeier der Russisch-Orthodoxen Kirche in Moskau teil. Er veranlaßte den Druck von einer Million Exemplaren des Neuen Testaments auf russisch. Der Ökumenische Patriarch von Konstantinopel lud ihn wiederholt zu sich ein. Der Generalsekretär des Weltkirchenrats in Genf kam selbst nach Taizé – und das nicht nur einmal. Er kam auch zu dem großen Jugendtreffen 1972.

Denn das erwies sich als neue Entwicklung: Taizé war zum Anziehungspunkt für die Jugend geworden – und zum Anziehungspunkt für Besucher von außerhalb, außerhalb Frankreichs und außerhalb der evangelischen Kirche, ja, auch derer, die überhaupt keiner Kirche mehr angehören wollten, weil sie sie nur als kühle, einengende Institution empfanden.

Neue Brüder fanden Aufnahme in die Gemeinschaft. Sie kamen aus Frankreich, aber auch aus den Niederlanden, den Vereinigten Staaten, Schweden, England, Deutschland.

Frère Roger brachte weiterhin seine Gedanken, Erwartungen, Anregungen zu Papier: *Im Heute Gottes leben* (1958), *Die Dynamik des Vorläufigen* (1965), *Einmütig im Pluralismus* (1966), *Die Gewalt der Friedfertigen* (1968) – dieses als Antwort auf die Ereignisse von 1968, bei denen sich in Paris, an den deutschen Universitäten, in den USA die Ungeduld der Jugend entlud.

Zu Tausenden strömten derweil Jugendliche nach Taizé. Sie wußten: Da ist einer, der uns zuhört, der unsere Probleme versteht, der uns vertraut. Das ließ den Plan für ein Internationales Konzil der Jugend reifen. Anstöße sollte es geben, das Erfahrene und Erlebte mit nach Hause zu nehmen, um dort Hoffnung zu wecken, Mut zu machen, Frieden zu stiften. Keine organisierte Bewegung will Taizé sein, kein Sonderverein, keine weitere Kirche neben den schon bestehenden. Vielmehr Sauerteig, der das, was alt ist und müde und erstarrt, mit neuem Leben erfüllt.

1974 war es so weit. Vierzigtausend Jugendliche aus allen Kontinenten versammelten sich mehrere Tage lang zu „ihrem" Konzil. Der Papst, der Erzbischof von Canterbury, der Patriarch von Konstantinopel, der Rat der Evangelischen Kirche in Deutschland und andere protestantische Kirchen entsandten Vertreter. Es war ein Fest der Begegnung – und ein unüberhörbarer Ruf nach Frieden und Versöhnung.

In der Zwischenzeit war ein bedeutsamer Schritt getan. Katholische Schwestern – Andreas-Schwestern – hatten schon seit längerem ein Haus in einem Nachbardorf bezogen. Sie sahen ihre Aufgabe darin, den Brüdern bei der Betreuung der vielen Gäste zu helfen. Doch 1969 geschah etwas Neues: der erste Katholik – ein junger belgischer Arzt – trat in die Gemeinschaft der Brüder von Taizé ein, mit ausdrücklicher Zustimmung des Erzbischofs von Paris. Er sollte nicht der einzige bleiben: weitere Katholiken kamen – aus Europa, aus Nord- und Südamerika, aus Asien, aus Afrika – auch ein Priester aus der Nähe von Taizé, und außer Katholiken auch Anglikaner und Orthodoxe.

Die Zugehörigkeit katholischer Mitbrüder ist Ausdruck dessen, was Frère Roger von Anfang an als richtig erkannt hat: Ökumene ist nicht möglich ohne Rom. Ja, er geht noch einen Schritt weiter: Sie ist nicht möglich ohne sichtbare Bindung an den Bischof von Rom. Ausdrücklich wurde dieses festgehalten in einem Text, der im September 1969 von allen Brüdern der Gemeinschaft gebilligt wurde. Frère Roger selbst wurde nicht müde, dieses zu wiederholen, so 1971 in New York, wohin ihn die Bischöfe der amerikanischen Episkopalkirche eingeladen hatten, oder in Rom, wo er bei einem der gemeinsamen Gebete im Petersdom dem Papst versicherte, daß es von Jugend an sein Anliegen gewesen sei, den Glauben der katholischen Kirche zu teilen, ohne seine evangelische Herkunft zu verleugnen.

Das Konzil der Jugend wurde abgelöst durch Tage des ganzen Volkes Gottes: erstmals 1975 in Taizé; Kardinal Döpfner und der Vorsitzende der französischen Bischofskonferenz waren dabei; ab 1978 durch Europäische Treffen der Jugendlichen in einer Großstadt. Paris, Rom, London, Barcelona, Köln, Breslau, Prag, Budapest, Ljubljana, Bukarest, Dresden, Leipzig, Magdeburg, Wien, München und viele Städte mehr erlebten solche „Pilgerwege des Vertrauens“. In Wien waren es 1992 mehr als 100 000 junge Europäer aus Ost und West, die sich versammelten – um gemeinsam zu beten (morgens, mittags und abends), um in Gesprächsgruppen ihre Sorgen und Erwartungen zu artikulieren, um sich in Vorträgen zu den Quellen des Glaubens führen zu lassen, um die Lieder von Taizé zu singen – diese Lieder, die wie ein Geschenk des Himmels sind! – und um zu schweigen! Frère Roger erhielt Dankesbriefe, nicht nur für das, was er sagte, nicht nur für das gemeinsame Beten, sondern auch für „die gesammelte Stille“, für „die dichte Stille“, für „die zutiefst beeindruckende Stille“!

Frère Roger fuhr fort, seine Anliegen in Schriften zu verkünden: *Fest ohne Ende* (1971), *Kampf und Kontemplation* (1973), *Aufbruch ins Ungeahnte* (1976), *Einer Liebe Staunen* (1979), *Die Quellen von Taizé* (1980), *Blühen wird deine Wüste*

(1982), *Vertrauen wie Feuer* (1985), *Liebe aller Liebe* (1990), *Jeder Tag ein Heute Gottes* (1992), *Wenn das Vertrauen aller Dinge Anfang wär* (1993), *In allem ein innerer Friede* (1996), ergänzt durch die alljährlich erscheinenden „Briefe aus Taizé" – übersetzt in mehr als sechzig Sprachen, Grundlage für Gespräche und persönliches Nachdenken.

Das alles war ihm nicht genug. Er wollte Zeichen setzen dafür, daß die Menscheitsfamilie nur eine und daß die Kirche aufgerufen ist, die Leiden dieser Erde mitzuleiden und vor Gott zu tragen. Mit einigen Brüdern wohnte Frère Roger eine Zeitlang in den Armenvierteln von Temuco (Chile), in den Slums von Haiti, in Soweto, in Nairobi, in dem Erdbebengebiet von Süditalien (in einem Wohnwagen), in den Elendsdschunken im Hafen von Hongkong, in den Armutsvierteln von Calcutta.

Vor diesen Reisen betete Frère Roger jeweils in einer Stadt Europas gemeinsam mit Jugendlichen: vor der Abreise nach Calcutta in der Tübinger Stiftskirche und im Dom zu Münster, vor der Abreise nach Hongkong im Wiener Stephansdom, vor der Abreise nach Soweto und Nairobi im Münchener Liebfrauendom.

In Calcutta begegnete er Mutter Teresa. Mit ihr gemeinsam sollte er eines Tages (1984) im Kolosseum in Rom einen Jugendkreuzweg beten und ebenfalls mit ihr zusammen mehrere Schriften herausgeben: *Kreuzweg* (1985), *Maria – Mutter der Versöhnung* (1988), *Gebet – Quelle der Liebe* (1991). Mutter Teresa gehörte auch zu den vielen prominenten Gästen, die ihn in Taizé besuchten – wie der Papst, die Ratsvorsitzenden der evangelischen Kirchen Frankreichs und Deutschlands und drei Erzbischöfe von Canterbury.

Weitere Reisen führten ihn nach Polen, Schweden, Finnland, nach Spanien, Portugal, Rußland, nach Rom. In Rom fanden mehrere Treffen statt – jeweils mit rund dreißigtausend Jugendlichen – katholischen, evangelischen, abständi-

Frère Roger in Manila

gen. Sie beteten in mehreren Kirchen Roms, wiederholt auch in Sankt Peter. Papst Johannes Paul II. nahm selbst daran teil. Frère Roger kannte Papst Johannes Paul II. schon aus der Zeit, als dieser noch Erzbischof von Krakau war. Roger hatte ihn dort einige Male aufgesucht. Der Papst selbst war schon als Erzbischof von Krakau zweimal in Taizé gewesen.

All das sollte nicht genügen. Aus dem Pilgerweg des Vertrauens erwuchsen interkontinentale Treffen in Madras (1987 und 1988) und Manila (1991) mit vielen Tausenden von zumeist jugendlichen Teilnehmern.

Frère Roger bereist die Welt, er ist bekannt und anerkannt, empfängt in aller Öffentlichkeit viele Ehrungen (3) – und bleibt doch in allem bescheidener Prior einer Gemeinschaft von fast einhundert Brüdern aus mehr als zwanzig Nationen. Diese Gemeinschaft ist es, die ihn ebenso trägt wie er sie. Sie trägt das weltweite Wirken von Taizé – und erst recht das fortgesetzte Wirken in Taizé selbst. Denn dort finden sich nach wie vor im Sommer jede Woche drei- bis sechstausend Jugendliche (zum Teil auch ganze Familien) ein, im Frühjahr und Herbst zwischen fünfhundert und tausend.

Jeden Morgen legen Brüder ihnen die Bibel aus. Nachmittags stehen Gesprächsgruppen auf dem Programm. Dreimal täglich wird gemeinsam gebetet. Des Abends bleiben die Brüder in der Kirche, um den Jugendlichen zuzuhören, die sich mit ihren Problemen ihnen anvertrauen möchten. Sie versuchen zu verstehen, Lasten mitzutragen, Trost zu spenden – ohne sich anzumaßen, sie wüßten alle Antworten (4). Am Samstagabend beschließt ein eigenes Lichterfest die Gespräche, die Gebete, die von Frère Roger selbst vorgetragene Meditation: eine Ankündigung des bevorstehenden Tages des Herrn, der Tag der Auferstehung ist.

Und bei alledem hören Frère Roger und seine Brüder nicht auf, darüber zu staunen, daß aus Taizé das werden konnte, was es heute ist (5).

Seine Botschaft

Die Botschaft von Taizé ist keine andere als die der Bibel. Sie lautet: Gott schenkt – als „Frucht des Geistes“ (Galater 5,22) – Liebe, Freude, Frieden.

Gott schenkt Liebe

Allem Leid, aller Ungerechtigkeit, aller Verzweiflung zum Trotz hält die Bibel daran fest: Der, der das Ganze trägt und der das letzte Wort zu sagen hat, dieser eine ist Liebe und kann nichts anderes, als Liebe schenken. Und er tut es von sich aus, ohne es an irgendwelche Bedingungen zu knüpfen. Nicht weil wir es verdient hätten und so wären, wie er sich das gedacht hat und wie wir sein sollten. Sondern weil er der ist, der er ist.

So sagt es die Bibel: „Gott ist die Liebe“ (1 Johannes 4,8.16). „Von Gottes Liebe können uns weder Tod noch Leben, weder Gegenwärtiges noch Zukünftiges scheiden“ (Römer 8,38f). „Auch wenn unser Herz uns verurteilt: Gott ist viel größer als unser Herz“ (1 Johannes 3,20). „Denn wir sind von Gott geliebt“ (Kolosser 3,12).

So sagt es auch Frère Roger: „Das Wesentlichste am Evangelium ist es, daß Gott uns zuerst liebt, noch bevor wir ihn lieben“ (6). „Ist Christus nicht auf die Erde gekommen, damit sich jeder Mensch geliebt weiß?“ (7).

Die erste Antwort auf diese Liebe Gottes heißt: keine Angst haben. So sieht es die Bibel: „Habt keine Angst.“ Diese Mahnung, nein, Ermutigung finden wir in den Evangelien, in den Briefen der Apostel, einfach überall im Neuen Testament. Immer wieder heißt es: „Fürchtet euch nicht“ (Matthäus 14, 27). „Macht euch keine Sorgen“ (Philipper 4, 6). „Euer Herz verzage nicht“ (Johannes 14, 27).

So sieht es auch Frère Roger: „Weshalb sich Sorgen machen…? In der Stille des Herzens sagt Christus leise: Hab keine Angst, ich bin da“ (8). „Gott flößt uns weder Furcht noch Angst ein, Gott kann uns nur lieben“ (9). „Retter allen Lebens, du willst nicht daß auch nur *ein* Mensch in Angst lebt“ (10).

Die zweite Antwort heißt: sich Gott überlassen. So sieht es die Bibel: „Du brauchst dich vor dem Schrecken der Nacht nicht zu fürchten. Denn er befiehlt seinen Engeln, dich zu behüten auf all deinen Wegen“ (Psalm 91, 5.11). „Muß ich auch wandern in finsterer Schlucht, ich fürchte kein Unheil. Denn du bist bei mir“ (Psalm 23, 4). „Kommt alle zu mir, die ihr euch plagt und schwere Lasten zu tragen habt“ (Matthäus 11, 28).

So sieht es auch Frère Roger: „Gott schenkt es vielmehr, daß wir uns schlicht ihm überlassen“ (11). „Vor allem erwartet Gott, daß wir uns ihm überlassen“ (12). „Sich nicht an Sorgen klammern wie mit der Hand an einen Dornenzweig, sondern loslassen und sich bei Christus bergen“ (13).

Die dritte Antwort ist damit schon gegeben. Sie lautet: Gott vertrauen und darauf bauen, daß er auch auf krummen Wegen gerade schreiben kann. So sieht es die Bibel: „In Ruhe und Vertrauen liegt eure Kraft“ (Jesaja 10, 5). „In deine Hände lege ich voll Vertrauen, Herr, mein Leben“ (Psalm 31, 6). „Habt Vertrauen“ (Matthäus 14, 27).

So sieht es Frère Roger: „Ob jemand gänzlich unwissend oder hochgebildet ist, der Glaube bleibt schlichtes Vertrauen auf Gott“ (14). „Jesus, wenn wir begreifen, daß alles mit dem

Taizé: Der Innenraum der Versöhnungskirche

Vertrauen auf deine Liebe steht und fällt, hören wir deinen Ruf" (15). „Wenn wir begreifen, daß du uns liebst, wird uns das Vertrauen des Glaubens zum Lied" (16).

Gott schenkt Freude

Die Bibel versichert es uns. Freude zu wecken, ist Sinn und Zweck der Verkündigung des Evangeliums, der „frohen Botschaft": „Was wir gesehen und gehört haben, das verkünden wir euch, damit eure Freude vollkommen ist" (vgl. 1 Johannes 1,3 f). „Das Reich Gottes ist Freude im Heiligen Geist", versichert Paulus (Römer 14, 17). Petrus stellt anerkennend fest: „Ihr glaubt an Jesus, den Herrn, und jubelt in unsagbarer Freude" (1 Petrus 1, 8). Ja, er sagt sogar, was ihm abzunehmen nicht leicht fällt: „Ihr seid voll Freude, obwohl ihr leiden müßt!" (1 Petrus 6, 6).

Frère Roger sagt es uns weiter: „Jesus, Freude unseres Herzens" (17). „Jesus, meine Freude, meine Hoffnung und mein Leben" (18). „Niemals ruft das Evangelium zur Trübsal auf. Niemals sieht es für den Menschen schwarz. Ganz im Gegenteil. Es bringt ihm eine stille Freude nahe" (19).

Gott schenkt Frieden

So sagt es die Bibel: „In Frieden lege ich mich nieder. Denn du allein, Herr, läßt mich sorglos ruhen" (Psalm 4, 9). „Gott ist ein Gott des Friedens" (1 Korinther 14, 33). „Christus Jesus, er ist unser Friede" (Epheser 2, 14). „Friede den Menschen auf Erden" – verkünden die himmlischen Boten (Lukas 2, 14).

Frère Roger macht sich dies zu eigen: „Jesus, unser Friede" (20). „Jesus, unser Friede. Wir ersehnen deinen Lebensatem" (21). „In allem innerer Friede, ungetrübte Freude. Schon lange vor Christus betete ein Glaubender: ‚Bei Gott allein kommt meine Seele zur Ruhe, von ihm kommt meine Hoffnung, nur er ist meine unerschütterliche Zuflucht.‘ (Psalm 62, 2 f). Und im Evangelium sichert Christus uns zu: ‚Meinen Frieden gebe ich euch, meinen Frieden hinterlasse ich euch‘ (Johannes 14, 27)“ (22).

Das Geschenk des Friedens leben und weitergeben

Das alles aber ist nur das eine. Das andere, viel wichtigere ist: diese Botschaft von den Früchten des Geistes, die Gott uns schenkt, nicht nur zur Kenntnis zu nehmen, sondern auch zu leben und so weiterzugeben.

„Wie mich der Vater gesandt hat, so sende ich euch“ (Johannes 20, 21). „Wie ich euch geliebt habe, so sollt auch ihr einander lieben“ (Johannes 13, 34). So sagt Jesus.

„Nicht Herren eures Glaubens, sondern Diener eurer Freude“ will Paulus zusammen mit den anderen Aposteln sein (2 Korinther 1, 24).

„Alle, die an mich glauben, sollen Frieden miteinander haben und eins sein“, mahnt Jesus (Johannes 17, 20 f). Und seine Jünger fordert er auf: „Wenn ihr in ein Haus kommt, dann sagt als erstes: Friede diesem Haus“ (Lukas 10,5).

So will es auch Frère Roger. Über allem steht sein Wort: „Unser Leben soll das Evangelium durchscheinen lassen“ (23). Das ist seine Maxime. Danach handelt er. Die Botschaft will er nicht nur hören. Er will sie auch weitersagen. Er will sie vor allem leben.

Sein besonderes Anliegen ist dabei der Friede unter den Konfessionen. Deshalb mahnt er deutlich und dringend: „Ist es angesichts der alten und ganz neuen Spaltungen heute für die Christen nicht dringend, sich aus Liebe zu versöhnen? Wer kann sich verweigern, wenn Christus ruft? Wie kann man sein Wort vergessen: Versöhne dich ohne Aufschub? Ist unser Herz weit, unsere Phantasie offen, unsere Liebe brennend genug, sich auf diesen Weg des Evangeliums einzulassen: als Versöhnte leben, ohne einen Tag länger zu warten?" (24). „Versöhnung bedeutet nicht Sieg der einen und Demütigung der anderen. Sie erfordert vielmehr, daß jeder die Gaben im anderen entdeckt" (25).

„Kann man noch über Ökumene sprechen, ohne sich unverzüglich und konkret zu versöhnen? Wenn wir nur die lieben, die auch uns lieben und uns gleichen – tun das nicht auch die Nichtglaubenden? Die Inkonsequenz der Spaltungen unter den Christen nimmt ihren Worten die Glaubwürdigkeit und hält eine neue Generation von der Kirche fern" (26).

„Wie Gemeinschaft unter den Christen herstellen, wenn sich die hohe Intelligenz auf dem Marktplatz Wortgefechte liefert? Einige, eine kleine Zahl, lassen sich zu solchen Wortgefechten hinreißen. Viele, der größere Teil, werden sich von diesen Streitigkeiten abkehren und darüber von Christus entfernen" (27).

Frère Roger und seine Brüder in Taizé legen allein durch die Existenz ihrer Gemeinschaft ein eindrucksvolles Zeugnis davon ab, daß Frieden und Einssein möglich ist – allen konfessionellen und nationalen Unterschieden zum Trotz. Erzbischof Carey von Canterbury bekannte, als er mit tausend jungen Anglikanern für eine Woche in Taizé weilte: „Ich bin auf einem Pilgerweg in Taizé, weil es ein Ort des Großmuts und der Versöhnung ist" (28).

CLUNY

Die Reste der Abteikirche von Cluny

Cluny heute

Etwa 10 km südlich von Taizé liegt Cluny: eine kleine Stadt mit einer großen Vergangenheit. Diese Vergangenheit ragt weithin sichtbar empor: ein mächtiger, achteckiger, 62 Meter hoher Turm, einsamer Zeuge verblichener Pracht.

Von sieben Türmen, die sich einst von der riesigen Abteikirche in den Himmel reckten, ist er als einziger übriggeblieben, so wie von der Abteikirche selbst auch nur eines der beiden südlichen Querschiffe übriggeblieben ist. Über ihm erhebt sich dieser Turm, zusammen mit einem kleinen spitzen Türmchen aus dem 15. Jahrhundert.

Alles andere wurde Opfer der Französischen Revolution. Diese brachte zunächst (1790) die Verstaatlichung der Abtei mit allen ihren Bauten und sodann (1798) den Verkauf der gesamten Anlage an einen Unternehmer aus Macon. Dieser wußte nichts Besseres zu tun, als dieses alles als ganz ordinären Steinbruch zu behandeln. Was jahrhundertelang die Bewunderung so vieler Beter, Pilger, aber nicht zuletzt auch Kunstverständiger auf sich gezogen und anderen Bauwerken als Vorbild gedient hatte, war nur noch bloßes Rohmaterial. Es wurde für den Bau von Straßen, Brücken und Häusern verwandt. Erst das Jahr 1823 brachte ein Ende dieses Treibens. Napoleon selbst soll es als Vandalismus bezeichnet haben – allerdings ohne ihm unverzüglich Einhalt zu gebieten.

Wie das alles ursprünglich ausgesehen haben mag, weiß man von alten Kupferstichen – und aufgrund der Ausgrabungen, die der amerikanische Archäologe Kenneth J. Conant in diesem, dem 20. Jahrhundert, durchgeführt hat. Er legte die Fundamente frei, wo immer es ging, und sammelte in mühsamer Kleinarbeit, was immer er noch fand an Kapitellen, Skulpturen, Gewölbe- und Pfeilerresten.

Wenn man dort steht, wo sich früher die Vorhalle der Basilika erhob, kann man sich ein ungefähres Bild von dem machen, was einmal die größte Kirche der Christenheit war. Dort findet man in Stein geritzt eine Skizze vom Grundriß jener Kirche, sieht angedeutet, was noch an Mauerwerk vorhanden ist bzw. wieder freigelegt wurde, und weiß dieses in das Gesamtbild einzuordnen.

Einen noch besseren Eindruck gewährt ein Besuch des noch erhaltenen Querschiffs. Das also war Cluny: aufstrebende Mauern, hochragende Pfeiler, alles dazu bestimmt, das Gewölbe noch höher zu erheben. Das, was bergen soll, soll auch emporziehen: das Lob, das man anstimmt, die Bitten, die man vorträgt, den ganzen Menschen, der nicht zum Verbleib auf dieser Erde bestimmt ist. „Ut per visibilia in invisibilium amorem rapiamur – damit wir durch das Sichtbare (die Pfeiler, die hochaufstrebenden Mauern, die sich in schwindelnder Höhe krümmenden Gewölbe) zur Liebe zum Unsichtbaren hingerissen werden." Denn derjenige, der gesagt hat „Folget mir nach", ist doch der, von dem der Glaube sagt, er sei – uns vorangehend – in den Himmel aufgestiegen.

Gleich am Eingangsportal (aus dem Jahre 1115) hatte eine große Skulptur auf den in den Himmel auffahrenden Christus verwiesen. Nur noch unbedeutende Reste sind hiervon vorhanden. Zusammen mit den Resten anderer Skulpturen findet man sie jetzt im Musée Ochier. Dieses ist untergebracht in einem Abtspalast des ausgehenden Mittelalters. Es birgt im Obergeschoß etwa 4000 Bände der alten Bibliothek und im Erdgeschoß das, was an Steinmetz- und Bidhauerarbeiten erhalten blieb und wiedergefunden wurde: Hände, Gesichter, Fragmente von Rittern und Mönchen und Pferden und Vögeln – alles Zeugnis hoher Kunst und zugleich stumme Klage. Ergänzt wird diese Sammlung durch Grundrißskizzen und Rekonstruktionen der alten Abtei aus der Hand von K. J. Conant. Sie verdeutlichen die gewaltigen Ausmaße dieser Klosteranlage. Wie eine kleine Stadt war sie, von einer Ringmauer umgeben, die alles umschloß, was dazu gehörte, vom Weinkeller bis zum Hospital.

Doch nicht alles, was sehenswert ist, ist im Musée Ochier zu sehen. Zehn der berühmten Kapitelle des Chorumgangs sind – beschädigt zwar und eher traurig stimmend – im Farinier untergebracht, dem ehemaligen Kornspeicher der Abtei. Eine bogenförmig ansteigende Treppe führt dorthin. Und hier sieht man in dem kleinen Steinmuseum des ersten Stockwerks das, was man aus dem Schutt noch geborgen hat und was einst Vorbild und Anstoß und Ausgangspunkt der romanischen Skulptur Burgunds war. Sie – diese Kapitelle – zierten die Säulen, die das Allerheiligste umstanden, den Ort der feierlichen Liturgie, und wollten darstellen, was man feierte, was man Gott dem Herrn zu seinem Lobe zurief und darbrachte und was man zum Einstimmen in dieses Loben und Darbringen aufrief: die Tugenden, die Jahreszeiten, die Paradiesesflüsse, den Sündenfall, der durch das Opfer, das auf dem Altar gegenwärtig gesetzt wird, gesühnt wurde, das Opfer Abrahams, in dem ein Vorbild für eben dieses Kreuzesopfer gesehen wurde, und schließlich sogar die Klänge der Choralmusik, die durch die Abfolge der damals so gesehenen acht Tonarten dargestellt wurden, jener Musik, deren Bedeutung für die Cluniazensermönche nicht hoch genug veranschlagt werden kann. Die Kapitelle, so wie sie jetzt zu sehen sind, bilden einen Halbkreis. Sie sind in derselben Reihenfolge angeordnet, in der sie früher einmal den Altar umsäumt haben mögen. Auch dieser Altar – er stammt aus dem Jahre 1095 – wurde wiedergefunden und ist hier aufgestellt.

Andere noch erhaltene Klostergebäude dienen heute weltlichen Zwecken. In einem Gästehaus aus der Renais-

Cluny: Abtspalast (Musée Ochier)

sance-Zeit, dem Palais d'Amboise, befindet sich die Stadtverwaltung. In einem späteren Klostergebäude (aus dem 18. Jahrhundert, aber mit einem mittelalterlichen Kreuzgang) ist eine Kunstgewerbeschule untergebracht. Im Park dahinter steht die Abaelard-Linde, so genannt zur Erinnerung an jenen Magister Abaelard, der von Bernhard von Clairvaux so gedemütigt wurde, aber danach in Cluny Aufnahme gefunden hatte und auch in einer Cluniazenserabtei – St. Marcel-les-Chalon – gestorben war.

Einen anderen Park sieht man von dem Gebäude der Stadtverwaltung aus (oder mündet in ihn, wenn man einen Rundgang um das noch erhaltene Seitenschiff der Abteikirche macht). Er liegt zum Teil auf dem Grundstück der alten Abteikirche. An seinem Rand befindet sich – was den einen mit Stolz, den anderen mit Abscheu erfüllt – der „Haras National", das berühmt gewordene, noch von Napoleon begründete Nationalgestüt. In der nordöstlichen Ecke dieser Parkanlage steht die „Tour Fabry", ein von Abt Hugo Fabry im 14. Jahrhundert errichteter (Wehr-)Turm. Ein zweiter Turm – genannt „Tour des Fromages" (Käseturm) – befindet sich am entgegengesetzten Ende der ehemaligen Ringmauer. Von seiner Plattform aus (120 Treppenstufen hoch!) hat man die beste Aussicht auf Cluny, auch auf das, was sonst noch von dem einstigen Weltwunder übriggeblieben ist: etwa den Bau für die Novizen (mit dem ihnen vorbehaltenen Kreuzgang), eine Begräbniskapelle oder die Gebäude, die die heutige Place de l'Abbaye umschließen: das alte Palais des Papstes Gelasius, das frühere Hospiz für die Pilger, ehemalige Pferdeställe oder sonstige Wirtschaftsbauten – eine Aussicht, die nicht gerade erhebend ist, aber Cluny eben so zeigt, wie es nun einmal heute von Vergangenem zeugt.

Cluny einst

Gründung – Ausbreitung – Organisation

Es begann im Jahre 910 – in jenem Jahrhundert, das man das „saeculum obscurum“ nennt, das dunkle Jahrhundert. Das karolingische Reich war zerfallen. Normannische Piraten, sarazenische Plünderer, ungarische Banden drohten die Herren des Frankenreiches zu werden. Das Papsttum war auf dem Tiefpunkt seiner Entwicklung angelangt. Die Reform des Mönchswesens, die einst Benedikt von Ariane im Auftrag Ludwigs des Frommen in Angriff genommen hatte, schien vergessen.

Da gründete Herzog Wilhelm von Aquitanien ein Kloster. Es lag in Cluny, im Tal der Grosne. Zwei Dinge erweisen sich dabei als geradezu revolutionär. Das erste: Herzog Wilhelm brach mit den üblichen Schenkungsvorstellungen. Danach blieb das geschenkte Kirchengut vermögensrechtlich Eigentum des Schenkenden, und er, der Schenkende konnte auch bestimmen, wer geistlicher Leiter würde. Es war ja seine Eigenkirche. Wilhelm verzichtete jedoch ausdrücklich auf alle eigenkirchlichen Besitzansprüche, auch auf das Recht, für das von ihm gegründetete Kloster den Abt zu ernennen – ein Recht, das der Gründerfamilie seit Menschengedenken – nämlich seit der Zeit der Merowinger – „selbstverständlich“ zustand.

Das zweite: Wilhelm schenkte das Kloster nicht seinem ersten Abt. Er schenkte es den Apostelfürsten Petrus und Paulus. Das heißt konkret: Er unterstellte es dem Schutz des Papstes und hielt es dadurch frei von allen sonstigen Eingriffen, mochten sie von weltlicher oder geistlicher Seite kommen.

Berno, der erste Abt von Cluny, stammte aus einem Kloster, dessen Abt allen Widerständen zum Trotz die von Benedikt von Ariane angestrebte Reform hatte durchführen wollen. Und das hieß: mehr als peinlich genaue Befolgung der Regel Benedikts. Es hieß vor allem: Rückbesinnung auf die eigentliche Aufgabe eines Mönchs, zu beten. In diesem Geiste baute auch Abt Berno das Kloster von Cluny auf – und leitete obendrein bis zu seinem Tode vier weitere Klöster.

Was durch das Wirken von Abt Berno grundgelegt wurde, blieb auch für die Zukunft bestimmend: der Wille, sich dem Papst zu unterstellen und niemandem sonst, und der Wille, auch andere Klöster zu gründen oder schon bestehende zu reformieren und sich zu unterstellen.

Das Ergebnis nach 200 Jahren: ein kirchliches Großreich, das nur dem Papst verpflichtet war. Es erstreckte sich über ganz Europa bis hin nach Spanien, Italien, Deutschland und England, zum Schluß auch Polen und Ungarn, ja sogar Palästina. Ihm unterstanden rund 1500 Klöster direkt. Weitere rund 1500 hatten die Regeln, Gewohnheiten und Reformen von Cluny übernommen – von sich aus oder auf Drängen des Papstes oder auch der jeweiligen Eigenkirchenherren.

Der Rechtsform nach war dieses „imperium“ eine einzige Abtei. Die neu eintretenden Mönche – die Novizen – reisten nach entsprechender Vorbereitung allesamt nach Cluny und legten ihre Gelübde – darunter das Gehorsamsversprechen – in die Hände des dortigen Großabtes ab. Die Leiter der übrigen Klöster waren zumeist nur Prioren, oder aber Äbte, die nicht von der Mönchsgemeinschaft des betreffenden Klosters gewählt, sondern von Cluny aus bestimmt oder in einzelnen Fällen zwar gewählt wurden, aber ihr Amt erst nach der Bestätigung durch den Großabt von Cluny antreten durften.

Cluny: Kapitell aus dem ehemaligen Hochchor

Cluny zeigte der Welt, was Mönchtum ist – ja, darüber hinaus, was Christsein ist. Galt doch zu jener Zeit der Mönch als der eigentliche, der wahre Christ. Und die Gemeinschaft der eigentlichen Christen – eben die Cluniazenser – sah sich als die eigentliche Kirche – und wurde auch von anderen so gesehen, nicht zuletzt von Päpsten und Kaisern und Königen.

Wertschätzung durch Päpste

931 bestätigte Papst Johannes XI. Cluny die ihm von seinem Gründer schon zugedachte „Exemtion", d. h. die Unabhängigkeit von jedem Diözesanbischof. Gleichzeitig ermächtigte er den Abt von Cluny – es war damals Odo –, auch andere Klöster zu reformieren bzw. überhaupt erst neu zu gründen, in Frankreich, in Deutschland, in Italien und wo immer er es für gut befand. Abt Odo nahm diese Ermächtigung ernst. Dreimal weilte er, von dieser Ermächtigung Gebrauch machend, in Italien und – vom Papst gerufen – in Rom. Papst Leo VII., Nachfolger Johannes' XI., verlieh ihm gar den Titel eines Archimandriten – sprich: eines Oberabtes – über die Benediktinerklöster von Rom. Damit war auch deren Einbeziehung in die cluniazensische Reform und in das cluniazensiche Großreich gesichert. Ein späterer Papst gab dem Abt von Cluny das Recht, bischöfliche Gewänder, auch die Mitra zu tragen. Er wollte so seiner Hochachtung Ausdruck verleihen. Andere Päpste taten es auf andere Weise: gestatteten sie doch, fünf Äbte von Cluny (Odo, Odilo, Majolus, Hugo und Petrus Venerabilis) als Heilige zu verehren. So hoch werteten sie deren Leben und Amtsführung.

Hugo, von 1049 bis 1109 Abt von Cluny, nahm als Vertreter von Cluny an einem Reichstag zu Worms teil (und erhielt dort die Nachricht von seiner Wahl zum Abt). Dann, als Abt, wurde er eingeladen, an Synoden und Konzilien teilzunehmen, auch an der berühmten Synode von Clermont (1095), auf der Papst Urban II. zum Kreuzzug aufrief.

Papst Leo IX. (1049–1054) besuchte zunächst Cluny, bevor er in Rom den Stuhl Petri bestieg und sein neues Amt antrat. Drei andere Päpste waren gar selbst zuvor Mönche in Cluny: Gregor VII. (1073–1085), Urban II. (1088–1099) und Paschalis II. (1099–1118) (und auch der Gegenpapst Anaklet II.). So nimmt es nicht wunder, daß die Päpste – allen voran Gregor VII. – sich Cluny zum Vorbild nahmen bei ihrem Verlangen, die ganze Kirche zu reformieren. Wie Cluny das Eigenkirchenrecht von Fürsten und Königen abgeschüttelt bzw. von Anfang an nicht mehr gekannt hatte, so wollte Gregor auch für die Bischöfe die weitgehende Unabhängigkeit von staatlicher Bevormundung, konkret: ein Ende ihrer Einsetzung durch Laien, und seien diese Laien auch Könige und Kaiser. Und was den Weltklerus betraf, machte Gregor auch hier den Mönch zum Vorbild: Die Geistlichen sollten sich einer Regel unterwerfen – Regularkleriker sein – und (was schon frühere Jahrhunderte gefordert hatten) wie die Mönche unverheiratet bleiben.

Wertschätzung durch die Grossen dieser Erde und Wirkung nach aussen

Was Cluny der Welt bedeutete, sei an einigen wenigen Beispielen illustriert. Kaiser Heinrich III. (1017–1056) lud Abt Hugo von Cluny ein, seinen neugeborenen Sohn, den späteren Heinrich IV., in Köln zu taufen. Wie die Päpste, so bat auch Kaiser Heinrich IV. (1050–1106) mehr als einmal Hugo brieflich um Rat. Die Mönche von Cluny vergalten es ihm. Sie fuhren fort, für ihn zu beten, als Papst Gregor VII. ihn längst in den Bann getan und die christliche Welt von ihrer Treuepflicht gegenüber diesem Kaiser entbunden hatte.

Abt Hugo war es dann auch, der Papst und Kaiser wieder miteinander versöhnte. In Canossa – wo Heinrich IV. Kirchenbuße tat – war er dabei. In Ungarn schlichtete er die Differenzen zwischen dem deutschen Kaiser und König Andreas. Er, der Freund des Kaisers und Ratgeber der Päpste, war zum unbestrittenen Führer der Christenheit geworden. Für ein ganzes Zeitalter erwiesen sich Äbte wie er und durch sie das Mönchtum überhaupt als geschichtsbestimmend und geschichtsformend. Und Max Weber (1864–1920) kam nicht umhin, im Hinblick (nicht nur, aber auch) auf die Cluniazenser „die welthistorische Bedeutung der mönchischen Lebensführung im Okzident" anzuerkennen und hervorzuheben (1).

Alltag in Cluny

Zu dem hohen Ansehen, das Cluny genoß, trug auch bei, was in Cluny Tag für Tag geschah: Gastfreundschaft, Armenfürsorge und vor allem das Beten.

Gastlichkeit

Der Ordensvater Bendikt hatte ein ganzes Kapitel seiner Regel der Pflicht gewidmet, alle Fremden, die kommen, aufzunehmen wie Christus. Die Gründungsurkunde von Cluny aus dem Jahre 909 – Wilhelm von Aquitanien hatte sie selbst verfaßt – schrieb vor: „Wir wollen auch, daß jetzt und unter unseren Nachfolgern, je nach Gelegenheit und nach Mitteln des Klosters, täglich in reinster Absicht Nächstenliebe geübt werde gegenüber den Armen, den Bedürftigen, den Wanderern und den Pilgern" (2).

Das blieb für Cluny stets geltendes und stets befolgtes Gebot. Die von den cluniazensischen Klöstern geübte Gastfreundschaft kann man nur großzügig nennen. Sie umfaßte außer dem selbstverständlich zur Verfügung gestellten Nachtlager sowie Brot und Wein oft noch zusätzliche Dienste wie Schuhreparatur und Hufbeschlag der Pferde, auch Aufnahme von Kranken und Gebrechlichen ins Krankenhaus. Dabei bemühte man sich, die Gäste jeweils „standesgemäß“ zum empfangen und zu bewirten – und das hieß damals eben: unterschiedlich, je nach Rang und Würde. Die berittene Schar wurde königlich beherbergt und bewirtet, der staubbedeckte Wanderer demgegenüber nur dürftig.

Armenfürsorge

Hinzu kam die Versorgung von Armen. Man schätzt, daß in Cluny jährlich 17 bis 18 000 – d. h. täglich an die 50 – Essensportionen ausgegeben wurden, und zwar Essensportionen, die reichhaltiger waren als die der Mönche. Enthielten sie doch Fleisch, deren Genuß den Mönchen verboten war, und wurden sie doch häufig ergänzt durch Zuwendungen von Kleidung und Geld. Wenn ein Mönch verstorben war, mußte dessen Essensration dreißig Tage lang an einen Armen ausgegeben werden, und am Allerheiligentag – dem Vortag des Totengedenktages Allerseelen – mußten alle cluniazensischen Klöster für jeden der anwesenden Mönche zusätzlich drei Arme mit Brot und Fleisch versorgen.

Gebet

Der andere Aspekt, unter dem man die Regel besonders ernst nahm, war der des Gebetes und der Feier der Liturgie. Darin lag ja der eigentliche Sinn des Mönchseins: Gott zu loben und sein Erbarmen anzuflehen, für sich selbst, für Verwandte, für Wohltäter, die zu diesem Zwecke – ja, eigens zu diesem Zwecke! – viele Schenkungen machten.

Das Wort Benedikts „Nichts soll dem Gottesdienst vorgezogen werden“ erfüllten die Mönche von Cluny peinlichst genau, so sehr, daß schließlich für die von Benedikt ebenfalls geforderte (und ebenfalls als Gottesdienst bezeichnete) Arbeit buchstäblich keine Zeit mehr blieb. Und war Arbeit nicht ohnehin eines freien Mannes unwürdig? Und hatte Benedikt nicht Arbeit gefordert, um dem Müßiggang zu wehren? Diese Gefahr bestand in Cluny nicht: Das Beten füllte den ganzen Tag aus und obendrein noch Teile der Nacht. Beten allein war Arbeit genug. Es mußte genügen, um die Regel zu erfüllen. Für die körperliche Arbeit in Feld und Haus waren die Laienbrüder und die leibeigenen Bauern da.

In der Tat fordert das Neue Testament auf zum Beten ohne Unterlaß (vgl. Lukas 18,1 und 1 Thessalonicher 5,17). Um dieser Forderung nachzukommen, stellten die Mönche von Cluny das andere Wort hintan, daß man beim Beten nicht viele Worte machen solle, eine Mahnung, die sowohl im Evangelium zu finden ist (vgl. Matthäus 6,7) als auch in der Regel Benedikts (20. Kapitel).

Statt dessen konnte Cluny sich rühmen, den Weg des Betens ohne Unterlaß bis zu einer Höhe gegangen zu sein, über die hinaus ein Weitergehen nicht mehr möglich war. Nach den Vorgaben Abt Hugos wurden täglich zwei Hochämter von der ganzen Mönchsgemeinschaft gefeiert. Hinzu kamen die Privatmessen der Mönche, die Priester waren. Das alles war eingebettet in das tägliche Stundengebet, bei dem an manchen Tagen bis zu 215 Psalmengebete gesprochen oder gesungen wurden (Benedikt hatte nur 37 vorgesehen). Alles, was an Gebetspensum nur möglich war, wurde auch „geleistet“. Aus der wichtigsten Tätigkeit eines Mönchs war in einer Art ewigen Gebets die einzige geworden.

Großer Wert wurde auf das Gebet für die Verstorbenen gelegt, sowohl für die Verstorbenen aus den eigenen Reihen als auch für die verstorbenen Wohltäter. Dabei wurden die, derer man im Gebet gedachte, namentlich genannt – bis es ihrer so viele waren, daß man die Zahl der besonderen Gebetsgedenken auf nur (!) fünfzig pro Tag reduzierte. Dieses Beten, von dem man sich erhoffte, daß es den armen Seelen im Fegefeuer hilfreich sei, wurde später von der Gesamtkirche in der Weise übernommen, daß an einem besonderen Tag – dem Allerseelentag – aller Toten gedacht wurde.

Das gemeinschaftliche Beten der Cluniazenser fand zusätzliche Bereicherung durch den Gesang, das singende Rezitieren der Psalmen, das den Mönchschor zu einer Vorform des himmlischen Chores der Engel machen sollte. Odo, der zweite Abt von Cluny (927–942), hatte den Wert und die Schönheit der Musik entdeckt und den Chorgesang geübt und gepflegt. Dieser wurde zum unverzichtbaren Bestandteil der cluniazensichen Liturgie. So wie das Volk Israel einst singend die Mauern Jerichos zum Einsturz gebracht hatte, so wollten auch die cluniazensischen Mönche singend alles Hinderliche – Sünde, Tod und Teufel – zum Einsturz bringen und den Weg frei machen zum Gelobten Land, zur von Gott verheißenen himmlischen Seligkeit. Siebenmal am Tag zogen sie, Psalmen singend, in großer Prozession in die Kirche ein – ein Bild des wandernden Gottesvolkes.

Bau eines Gotteshauses

Die Liturgie wurde mit immer größerer Feierlichkeit begangen. Das machte den Bau eines entsprechenden Gotteshauses notwendig. Dieses Gotteshaus konnte nicht prächtig genug sein. Wo anders wäre denn eine Architektur von überwältigender Großartigkeit, wo anders die Verwendung kostbarer Materialien, wo anders die Kunstfertigkeit der Steinmetze, der Maler, der Bildhauer eher angebracht als dort, wo Tag für Tag Gottes Herrlichkeit gepriesen werden sollte! Und nach welch anderem Vorbild sollte man ein solches Haus bauen als nach dem Vorbild des himmlischen Jerusalem, von dem die Geheime Offenbarung schreibt: „Ich sah das neue Jerusalem, die heilige Stadt, geschmückt wie eine Braut. Aus dem Himmel kam sie herab. Wie ein kostbarer Edelstein glänzte sie, wie ein kristallkarer Jaspis. Die Stadt hat eine große und hohe Mauer mit zwölf Toren und zwölf Engeln darauf. Ihre Mauer ist aus Jaspis gebaut. Die zwölf Tore sind zwölf Perlen. Jedes der Tore besteht aus einer einzigen Perle. Die Straßen der Stadt sind aus reinem Gold, wie aus klarem Glas. Die Stadt braucht weder Sonne noch Mond, die ihr leuchten. Denn die Herrlichkeit Gottes erleuchtet sie, und Nacht wird es dort nicht mehr geben" (Offenbarung 21, 2–25). Der Seher von Patmos, dem diese Stadt von einem der sieben Engel gezeigt wurde, kann sich nicht genugtun, um zu beschreiben, was er geschaut hat.

Hatte nicht schon Mose von Gott die Weisung erhalten, ihm ein Heiligtum zu bauen genau nach dem Muster der himmlischen Wohnstätte, die der Herr ihn hatte schauen lassen (Exodus 25, 8 f)? Sollten nicht später die gotischen Kathedralen sich gleichfalls rühmen, Abbilder des Himmels zu sein?

Solchen Ansprüchen konnte die urspüngliche Kirche von Cluny nicht genügen. Berno, der erste Abt, hatte sie zwischen 915 und 917 erbauen lassen. Sie war im Grunde nicht mehr als eine Kapelle. Ein Neubau erwies sich als notwendig. Schon 981 wurde dieser Neubau eingeweiht. Er blieb bestehen bis zur Französischen Revolution. Aber den Bedürfnissen der immer größer werdenden Mönchsgemeinde und der immer feierlicher gestalteten Liturgie wurde auch dieser nicht gerecht. Wenig mehr als hundert Jahre später, 1088, legte Abt Hugo daher den Grundstein für den dritten und endgültigen Kirchbau zu Ehren von „Saint Pierre et Paul",

Cluny: Turm der ehemals größten Kirche der Christenheit, mit einem spitzen Türmchen aus dem 15. Jh.

den beiden Apostelfürsten, denen Herzog Wilhelm schon 910 das neu gegründete Kloster zugeeignet hatte. 1095 wurde der Hauptaltar konsekriert. Der Papst selbst – es war Urban II. – kam dafür eigens von Rom nach Cluny. 1131 war die Kirche vollendet: eine Kirche, in der die Kunst des 11. Jahrhunderts ihren Höhepunkt erreichte und die für Jahrhunderte die größte und prächtigste des Abendlandes sein sollte – und zugleich eine der großartigsten Leistungen der Architekturgeschichte überhaupt.

Die Französische Revolution hat nicht viel davon übriggelassen. Allzu groß war der Haß gegen alles, was damals zu Recht oder zu Unrecht als Ausdruck von Herrschaft, Unterdrückung, Bevormundung empfunden wurde. Aber die gründlichen Arbeiten von K. J. Conant (s. o.) haben es möglich gemacht, sich ein Bild von dem zu machen, was diese dritte Abteikirche von Cluny einmal dargestellt hat.

Fünf Schiffe hatte diese Kathedralkirche. Zehn Meter maß die Breite des Mittelschiffs und dreißig Meter deren Höhe. Spitzbögige Arkaden trennten es von den Seitenschiffen. Ganze Alleen von marmornen Pfeilerbündeln trugen die Gurtbögen, die selbst wieder das leicht geknickte Tonnengewölbe trugen. Insgesamt mehr als 187 Meter war die Kirche lang, gerechnet von der Vorhalle bis zur Außenmauer des Chores. Erst Jahrhunderte später sollte die neu erbaute Peterskirche in Rom um ein geringes länger sein als Saint Pierre et Paul in Cluny.

Etwas niedriger als das Innere der Kirche selbst fiel die Vorhalle aus. Sie hatte auch nur drei Schiffe. Sie mußte sich ja vom Eigentlichen unterscheiden. Sie hatte aber doch ihre eigene Bedeutung: Besucher und Pilger sollten hier „den Staub von ihren Füßen schütteln", sich so darauf besinnen, daß sie aus der Welt des profanen Alltags hinaus- und eintraten in ein Stück Himmel. „Nichts Unreines wird hineinkommen, keiner, der Greuel verübt und lügt. Nur die, die im

Lebensbuch des Lammes eingetragen sind, werden eingelassen." So schreibt Johannes im letzten Buch des Neuen Testaments, der Geheimen Offenbarung (21,22). Die aber, die Einlaß finden, werden gewahr: „Nacht wird es dort nicht geben. Denn die Herrlichkeit Gottes erleuchtet die heilige Stadt" (21,25.23). Die Fülle des Lichtes ließ es erahnen, die den in die Kathedrale Eintretenden umfing. Aus dreihundert (!) Fenstern strömte es herein. Es wollte mit Gott verbinden, der doch reines, ungetrübtes Licht ist, vor dessen Helligkeit selbst die Sonne verblaßt.

Die Füße trugen den Besucher bis zu einer Schranke, jenseits derer der Mönchschor begann. Doch das Auge trug ihn weiter, über die beiden Vierungen hinaus bis hin zum Altarraum, jenem Ort, an dem Himmel und Erde sich begegnen und den schon nach dem Willen Benedikts von Ariane die Mönche betend umschreiten sollten. Dazu diente der Chorumgang, zur Außenseite begrenzt von einem Kranz von Kapellen, zur Innenseite hin von eng aneinander gereihten Säulen.

Die Kapitelle dieser Säulen galten als Meisterwerke ihrer Epoche und als Vorbild für die Plastik späterer Jahrhunderte – so wie das ganze Bauwerk richtungsweisend wurde für die romanische Architektur Burgunds.

Petrus Venerabilis – Abt der Versöhnung

Von 1122 bis 1156 war er Abt von Cluny. Man nennt ihn „Venerabilis", den Ehrwürdigen, den Ehrenwerten. Denn was er leistete, war tatsächlich der Ehre wert. Er leistete es obendrein in einer Epoche des Niedergangs.

Das Erbe, das er antrat, konnte nicht mehr als der Orden gelten, der dem ganzen Abendland Vorbild war. Ihm wurde ein Orden anvertraut, dessen erste Dekadenzerscheinungen offenkundig waren. Das Heer der betenden Cluniazenser und ihr Gebetsdienst für die Verstorbenen hatte die Größe des cluniazensischen Ideals sichtbar werden lassen. Aber die Übersteigerung des Ideals war zum Ausgangspunkt für seine Verkehrung geworden. Für das ewige Seelenheil hatte man streiten und zum Himmel hatte man geleiten wollen. Doch immer mehr verbrüderte man sich mit dieser Erde und hielt sich an ihr fest durch Reichtum und Macht.

Reichtum auf dreifache Weise

- Der feierliche, öffentliche Gottesdienst wurde allmählich zu einer Art Rechtstitel auf die reichlich fließenden Spenden der Gläubigen.
- Die um ihr Seelenheil bangenden Landesfürsten schenkten den Mönchen Grundstücke und Gebäulichkeiten.
- Hauptkloster und sich ihm anschließende Klöster der Cluniazenser waren dem Schutz des Papstes anvertraut. Konkret bedeutete dies: Befreiung von jeglicher Abgabepflicht gegenüber dem früheren Landes- und Lehensherren.

Mit dem Reichtum einher ging der Gewinn an Macht, auch dieser auf dreifache Weise (darauf wurde bereits hingewiesen. Es sei noch einmal kurz zusammengefaßt):

- Die Unterstellung unter den Papst bedeutete auch Befreiung von der geistlichen und kirchenrechtlichen Oberhoheit des jeweiligen Diözesanbischofs, in dessen Bistum ein Kloster sich befand.
- Zu den Grundstücken und Gebäulichkeiten, die ihnen geschenkt wurden, gehörten ganze Dörfer mit den dort wohnenden Hörigen und Leibeigenen. Ihnen überließen die Cluniazenser jene Arbeit, die Benedikt ursprünglich seinen Mönchen zur Pflicht gemacht hatte.
- Im Gegensatz zur benediktinischen Tradition wurde der Abt von Cluny zum Abt aller Äbte. Die Klöster, die sich zu Hunderten der cluniazensichen Reform angeschlossen hatten, unterstanden der direkten Leitung von Cluny, und die Mönche des weltweiten Verbandes legten ihre Ordensgelübde in Cluny selbst ab und gelobten dem Abt von Cluny Gehorsam.

Das Ergebnis all dessen: Unter allen Feudalherrschaften von Burgund war Cluny schließlich die prunkvollste und reichste und mächtigste geworden, und jeder Feudalherr hätte es als eine Ehre angesehen, einen Sohn am „Hofe“ von Cluny zu wissen, als Anwärter auf den goldenen Hirtenstab, der fast begehrter war als ein Königszepter.

Zeichen des zunehmenden Reichtums und der wachsenden Macht waren die großartigen Bauwerke. Die gewaltige Abteikirche von Cluny – ein imposanter Ausdruck des Selbstbewußtseins der Cluniazenser. Und dieses Selbstbewußtsein beinhaltete nicht mehr und nicht weniger als die Botschaft: Wir sind das Gottesreich auf Erden; Christus hat in uns schon seine Herrschaft angetreten – unsere grandiose, hochkultivierte Liturgie zeigt es aller Welt!

Georges Duby berichtet, wie ihm bei einer Reise durch Burgund mit einem Schlage klar geworden sei, „was der ‚Geist von Cluny' gewesen war, was er im 11. Jahrhundert in dieser Gegend bedeutet hatte, wie bedrückend der auf einer streng hierarchischen Konzeption des gesamten Universums beruhende Wille, seinen Rang auf allen Stufen des sozialen Gebäudes zu wahren, gewesen sein muß, und ich ahnte, wie sehr die Mönche der damaligen Zeit sich in ihrem Stolz, von der hohen Warte ihres dünkelhaften Paternalismus und in der festen Überzeugung, oben bei den Engeln zu schweben, auf Distanz, ich sage nicht von dem niedrigen Gesinde, das ihre Güter bestellte, sondern von den Rittern, ja sogar von den Grundherren, ihren Nachbarn, gehalten hatten – sie, die dank der Gebete, die sie diesem oder jenem Verstorbenen gnädigst zuteil werden ließen, über das Seelenheil verfügten, und deren weltliche Macht zu allem Überfluß drückend auf einem großen Teil der Gegend lastete" (3). Harte Worte, ganz ohne Zweifel!

Kennzeichnend für den Abstieg Clunys war die Amtsführung des Nachfolgers von Abt Hugo und unmittelbaren Vorgängers von Petrus, Abt Pontius (1109–1122). Überheblich war er, prunkliebend, geldgierig, ja korrupt, und das in einem solchen Maße, daß er schließlich für abgesetzt erklärt werden mußte, sogar vom Papst exkommuniziert und in Rom ins Gefängnis geworfen wurde, wo er bald darauf starb.

Gewiß, noch glaubte nicht nur Abt Pontius, sondern es glaubten viele seiner Zeitgenossen, daß im Einklang mit der göttlichen Vorsehung stehe, „daß der Mönch, der die höchste Würde bekleidete, auch den größten Wohlstand bekleidet. ... Da ... der Mönch gleichsam zum Gefolge Gottes gehörte, fühlte er ... sich verpflichtet, sehr aufwendig zu leben. Sein Abt mußte außerhalb des Klosters wie ein Kriegsherr von hundert Reitern auf stampfenden Pferden begleitet sein" (4). So sah man es, und so war es auch. Doch es kam die Zeit, da man „den Prunk und den Komfort der Kluniazenser unerträglich" (5) fand, ja, da die Mönche selbst – die Zisterzienser – dagegen aufbegehrten und statt dessen einen Lebenswandel predigten, der nicht mehr die Herrlichkeit der Seraphim nachahmen, sondern den Spuren Jesu und seiner Armut folgen wollte. Diese Zeit war zu Beginn des 12. Jahrhunderts gekommen. Und ein anderer als der Abt von Cluny sollte diesem Aufbegehren und diesem neuen Empfinden Ausdruck verleihen.

Der Papst selbst mochte Petrus Venerabilis 1122 in sein Amt als Abt von Cluny und Oberhaupt der cluniazensischen Gemeinschaft einführen. Das Amt Abt Hugos, Schiedsrichter Europas zu sein und der ganzen Christenheit als Führer zu dienen, übernahm jedoch ein anderer: Bernhard von Clairvaux.

Suger, dem Abt von Saint-Denis, dem alten und reichen Königskloster auf der Ile de France, schreibt dieser Bernhard: „Ich muß euch die Wahrheit sagen. Diejenigen, die uns den Weg des Lebens zeigen sollen, geben uns ein Beispiel der Prahlerei und Prunksucht. Es sind Blinde, die Blinde führen. Ist es denn etwa ein Zeichen von Demut, wenn man mit so großem Gepränge reist, hoch zu Pferde und von einer Menge langhaariger Diener umgeben? ... Sie kommen daher wie der Oberbefehlshaber einer Provinz" (6).

Und in seiner „Apologie" attackiert Bernhard direkt und in aller Schärfe das reiche Cluny. „Die opulente Speisekarte der cluniazensichen Klöster verfällt ebenso seinem Verdikt wie die herrliche romanische Architektur ihrer Kirchenbauten, Wandgemälde und Figurenschmuck ihrer Bibliotheken und Schlafsäle gleichermaßen wie die kostbare Ausstattung mit liturgischem Gerät, sein vernichtendes Urteil trifft Prunk und Überfluß in der Kleidung der Mönche im selben Umfang wie die aufwendige Selbstdarstellung der klösterlichen Macht durch die feudalen Umritte des Abtes mit gewaltigem Troß" (7). Ausdrücklich kritisiert er „die Unmengen an

Geld, die die Mönche, statt sie den Armen zu geben, in die Bauwerke und Kunstwerke investieren. Maßlos hoch sind ihre Kirchen, unverschämt lang, überflüssig breit. Und die Bildwerke darin!" (8).

Das, was Bernhard und mit ihm die Zisterzienser dem entgegenzusetzen hatten, erschien in den Augen der Cluniazenser mehr als schockierend: Jene reduzierten gewaltig das Stundengebet – beteten an einem ganzen Tag weniger als die Cluniazenser allein in ihrer Morgenandacht, der Prim. Sie gedachten der Toten nur noch einmal im Jahr und nicht wie die Cluniazenser jeden Tag. Und „das Gebet zu kürzen, hieß das nicht, Gott die Ehre zu nehmen? Ja, fast frivoler noch: Hieß es denn nicht auch, die Welt zu gefährden, da doch die Mönche mit ihrem Beten ... das durch die Sünde ständig gefährdete Gleichgewicht aufrechterhielten und dem Zorn Gottes entgegenwirkten? Den Frommen herkömmlicher Art konnte die Gebetsreduzierung nur als Frevel erscheinen" (9) – erst recht, wenn die so gewonnene Zeit für die Arbeit verwendet wurde. Hieß das nicht, daß der Mensch es für wichtiger hält, selbst zu handeln, als Gott um sein göttliches Handeln zu bitten? Wird so nicht das, wofür Gott kompetent ist, in die Hand des Menschen verlagert? Aber so war es: „Das Gotteslob wurde reduziert und statt dessen menschliche Weltgestaltung freigesetzt" (10).

Petrus Venerabilis antwortete auf all diese Angriffe, Kritiken und Neuerungen souverän und mit Würde. Der von den Zisterziensern propagierten buchstäblichen Erfüllung der Regel Benedikts setzte er die freie Verwirklichung aus dem gleichen Geist entgegen mit den an Bernhard gerichteten Worten: „Die Regel hat die Arbeit nicht um ihrer selbst willen angeordnet, sondern zum Schutz gegen den Müßiggang, diesen Feind der Seele. Hat Jesus nicht am Beispiel von Martha und Maria gezeigt, daß er die geistigen Beschäftigungen bevorzugt? ... Wenn wir den Müßiggang durch Gebet, Gesang und Lektüre meiden, sind wir so regeltreu, wie ihr es seid" (11). Zudem erinnerte er an die von Benedikt verlangte caritas, die brüderliche Liebe.

Petrus hat sie nie verletzt. Nie sprach er den Zisterziensern den ernsten Willen zur Regelerfüllung ab. Wiederholt traf er sich mit seinem „Nebenbuhler" Bernhard. Zeitlebens blieb er ihm freundschaftlich verbunden. Seine Werke schätzte er so sehr, daß er einige von ihnen zu eigenem Gebrauch bearbeitete. Er betrachtete Bernhard als Heiligen. In einem Brief an ihn gab er gar seinem Wunsche Ausdruck, in Clairvaux zu sterben! Ihre Wege mochten sich trennen. Es verband sie das gleiche Ziel: Gott die Ehre zu erweisen und dem Kommen seines Reiches zu dienen oder, wie Petrus es in einem seiner Briefe an Bernhard formulierte, „zu demselben himmlischen Jerusalem ‚multiplici itinere', auf verschiedenen Wegen, (zu) gelangen" (12).

Als Bernhard angesichts des sich abzeichnenden Papstschismas für „seinen" Kandidaten, Papst Innozenz II., warb, fand er Unterstützung bei Petrus. Aber als Bernhard im Auftrag von Papst Urban II. ganz Europa zum bewaffneten Kreuzzug aufrief, distanzierte sich Petrus von ihm. Statt dessen schlug er den Weg des Friedens ein und plädierte dafür, einander kennen und verstehen zu lernen. Er selbst setzte sich mit dem Gedankengut des Islam in einer Schrift auseinander, die allerdings nur zum Teil erhalten ist. Zudem veranlaßte er die Übersetzung des Korans ins Lateinische. Diese kam zustande. Trotz aller Unzulänglichkeiten wurde sie jahrhundertelang benutzt. Petrus forderte Bernhard – vergeblich – auf, die Koranübersetzung zu lesen und Mohammed mit der Feder entgegenzutreten. Er selbst – Petrus – schickte nicht bewaffnete Ritter, sondern waffenlose Mönche ins Heilige Land. Zwei Abteien gründete er dort. Auch ihm war und blieb Jerusalem als Grabstätte Jesu das Herz der Welt. Nur mit Gewalt erobern und verteidigen wollte er es nicht.

Der Notwendigkeit von Reformen innerhalb seines eigenen Ordens verschloß sich Petrus nicht. 1132 – zehn Jahre nachdem er Abt geworden war – rief er an die 200 Priore zu einem Generalkapitel zusammen. Es sollte neue Statuten vorbereiten. Einige Jahre später wurden sie von Petrus veröffentlicht. Sie zeigten, was er wollte: statt der Ein-Mann-Herrschaft des absolut regierenden Großabtes von Cluny regelmäßige Generalkapitel nach dem Vorbild der Zisterzienser; und für die einzelnen Mönche ebenso wie für den gesamten Orden mehr Enthaltsamkeit, Bescheidenheit, Zurückhaltung – in der Lebensweise, in der Einflußnahme auf das weltliche Geschehen, in der sakralen Kunst. Und siehe da: der Orden wuchs. In Cluny selbst stieg die Zahl der Mönche von 300 auf 400, und die Zahl der von Cluny abhängigen Klöster stieg auf annähernd 2000.

Abaelard, der Verfemte, der von Bernhard Bekämpfte, der von Rom Verurteilte, fand bei Abt Petrus in Cluny Zuflucht. Von ihm wurde er voller Mitgefühl aufgenommen, nicht als Verstoßener, sondern als Gast, ja Ehrengast. Doch damit nicht genug. Petrus erreichte, daß Bernhard und Abaelard sich trafen und versöhnten. Er erreichte gleichfalls, daß auch der Papst die Verurteilung Abaelards wieder aufhob und dieser im Frieden mit der Kirche sterben konnte. Und als letzte noble Geste erreichte Petrus, daß auf Abaelards Grab ein Stein gesetzt wurde mit der stolzen Inschrift: „Unser Aristoteles“.

Das war Petrus – der Abt der Versöhnung!

Berzé-la-Ville: Chapelle aux Moimes

Bauwerke, in denen Cluny weiterlebt

Berzé-la-Ville

Fünf Kilometer südlich von Cluny gabelt sich die Straße: Rechts führt sie über Charolles nach Paray-le-Monial, links nach Macon. Auf der Straße Richtung Macon, der Route Nationale 79, geht nach 6 Kilometern eine Abzweigung nach Norden. Nur 1½ km sind es noch, dann gelangt man in das Dörfchen *Berzé-la-Ville* – und in diesem Dorf vor ein Gebäude, das sich stolz „Château des Moines" nennt, Schloß der Mönche. Um dieses „Schloß" geht es aber nicht. Es stammt ohnehin erst aus dem 18. Jahrhundert. Aber es birgt in einem oberen Stock (über eine Außentreppe erreichbar) eine alte romanische Kapelle. Abt Hugo von Cluny hatte sie erbauen lassen, nachdem eine noch ältere im Jahr 1105 abgebrannt war. Sie bildete das Herzstück eines kleinen, von Cluny abhängigen Priorats. Nur wenige Mönche bewohnten es. Doch die Äbte von Cluny – Hugo selbst an der Spitze – suchten es häufig auf, gelegentlich auch ein hoher Gast der Abtei. Es war so etwas wie ein Feriendomizil.

Kein großes Bauwerk, diese kleine romanische Kapelle, aber doch ein Stück Cluny, und das nicht nur als Bauwerk, dessen kleine Rundbogenfenster helles Licht einströmen lassen, sondern mehr noch durch das, was dieses Licht aufleuchten läßt: Fresken, die allein einen Besuch wert sind. Sie wurden von den gleichen Künstlern geschaffen, die auch die Abteikirche in Cluny ausgemalt hatten. Im Laufe der Zeit gerieten sie unter eine Schicht von Mörtel und Putz. Erst

1887 wurden sie wieder entdeckt und bald darauf freigelegt. Heute kann man sich von ihnen faszinieren lassen, zumal im Gewölbefeld der Apsis von der Christusdarstellung auf blauem Grund. Der hier Dargestellte ist angetan mit einem weißen Gewand und einem roten Mantel. Im Faltenwurf seiner Kleidung will man die Faltengebung der Christusfigur im Tympanon von Vézelay wiedererkennen. Über dem Christusbild die segnende Hand Gottes, ihm zur Seite die Apostel, zu seinen Füßen Heilige in großer Zahl, auch zwei heilige Äbte von Cluny und bekanntere Heilige wie Laurentius und Blasius.

Umgeben ist das alles von ornamentalen Zeichnungen. Ihr Linienspiel erst macht zusammen mit der Pracht der Farben die ganze Schönheit dieses Gebetsraumes aus.

Paray-le-Monial

Nur knapp 50 km westlich von Cluny liegt *Paray-le-Monial*, zu erreichen über die Nationalstraße 79. Einen Besuch sollte man nicht unterlassen – solange man keine Angst hat vor den vielen Wallfahrern, die man dort antreffen könnte. Sie pilgern hier zum Grab der heiligen Marguerite-Marie Alacoque, jener Frau, die die Herz-Jesu-Verehrung in der katholischen Kirche heimisch gemacht hatte. Ihretwegen heißt die große Basilika jetzt auch Basilique du Sacré-Coeur, Herz-Jesu-Basilika. Urspünglich war sie Gott dem Allmächtigen geweiht, dem Heiland, Unserer Lieben Frau und Johannes dem Täufer. Man konnte sich nicht genug tun – so, als wolle man auch auf diese Weise Cluny nacheifern.

Denn Abt Hugo von Cluny war es, der den Bau dieser Abteikirche veranlaßt hatte und zur Einweihung auch selber erschien. Die gleichen Handwerker, die in Cluny die den Apostelfürsten Petrus und Paulus geweihte Basilika erbaut

Paray-le-Monial: Herz-Jesu-Basilika

hatten, schickte Hugo nach Paray. So nimmt es nicht wunder, daß dort – was auch Absicht war – ein „Cluny en miniature" entstand, ein Klein-Cluny. Es gibt in etwa – aber auch nur in etwa – eine Vorstellung von dem, was die Abteikirche von Cluny einstmals darstellte.

In Paray hatte es schon vor Abt Hugo Benediktinermönche gegeben, und zwar seit dem 10. Jahrhundert. Diese schlossen sich im 11. Jahrhundert der von Cluny ausgehenden Reformbewegung an und unterstellten sich der Großabtei. Diese übernahm daher auch die Sorge um die Errichtung eines würdigen Gotteshauses. Es hat gegenüber Cluny den Vorteil, daß es die Stürme der Französischen Revolution überstand. Die Mönche hatten zwar gehen müssen, aber die Kirche wurde schon 1792 Pfarrkirche, konnte im 19. Jahrhundert auch mehrfach restauriert werden – und steht heute da als eines der besterhaltenen Zeugnisse romanischer Baukunst in Burgund.

Den schönsten Blick auf dieses ockerbraune Bauwerk gewährt das gegenüberliegende Ufer der Bourbince. Von dort aus sieht man gleich zweimal die Westfront mit Vorhalle und zwei Türmen und auch den 56 Meter hohen achteckigen Glockenturm über der Vierung, wo sich Längs- und Querschiff kreuzen – zweimal, weil sich das alles in dem stillen Wasser des Flusses spiegelt. Nicht minder eindrucksvoll ist – auch ohne Spiegelbild – ein Blick auf den Kapellenkranz an der gegenüberliegenden, der östlichen Seite der Basilika, dort, wo sich jetzt der „Parc des Chapelains" direkt an die Kirche anschließt.

Wer sich der Kirche von Westen her nähert, bemerkt sogleich den feinen Unterschied zwischen den beiden Türmen. Der eine, südlich, also zur Rechten gelegene, stammt von einer früheren, 1004 geweihten Kirche. Der andere, schon nicht mehr so schlichte, wurde zu Beginn des 12. Jahrhunderts erbaut. Ähnliches gilt von der Vorhalle und der eigentlichen Basilika: Die Vorhalle stand schon, als der Bau der Basilika in Angriff genommen wurde. Die Achsen der beiden stimmen nicht genau überein. Und wer in der Kirche von der Vierung aus zurückschaut auf die Westfront, sieht sogleich, daß das Westportal sich nicht in der Mitte befindet, sondern etwas seitlich verschoben erscheint. Aber das übersieht man gerne.

Hat man die Vorhalle durchschritten, umfängt ein erster Eindruck den Eintretenden: der eines Nach-vorne-gezogen-Werdens. Drei Kirchenschiffe laden dazu ein – vorbei an den (drei an jeder Seite bis zur Vierung) mächtigen Säulen, deren Durchmesser mehr als 2 Meter mißt, mit ihren kunstvoll ausgearbeiteten Kapitellen, unter den leicht, fast nur andeutungsweise spitz zulaufenden Tonnengewölben (im Hauptschiff genauso hoch – nämlich 22 Meter – wie das Schiff, ohne Chor, lang ist) bis hin zum Chorumgang. Dieser ist umsäumt zur Außenseite hin von drei Kapellen, zur Innenseite hin von acht hochgereckten, dem Durchmesser nach geradezu zierlichen runden Säulen. Ihre Kapitelle sind jedoch noch reicher, noch sorgfältiger, noch aussagekräftiger als die der großen Pfeiler im Kircheninneren, schauen sie doch herab auf den Altar, jene heilige und schauererregende Stätte, an der Gott selbst mit den Menschen verkehrt (vgl. Genesis 28, 16 f), und damit auf das Herzstück, dessentwegen die Kirche überhaupt erbaut wurde.

Und sollen die in diesen Kapitellen dargestellten Pflanzen, Ornamente, Symbole doch mit einstimmen in das Lob, das vom Altar aus erklingt und das auch die erklingen lassen, die den Chorumgang in feierlicher Prozession umschreiten – mit Kerzen, mit Weihrauch, mit Gesängen.

Über der Vorhalle befindet sich eine dem Erzengel Michael geweihte kleine Kapelle. Sie ist ein Überbleibsel der alten Kirche vom Anfang des 11. Jahrhunderts. Ihre Gewölbe und Gewölbejoche bestätigen es. Sie zu sehen lohnt die

Paray-de-Monial: Blick ins Innere der Basilika

kleine Mühe des Treppensteigens. Erst recht lohnt es sich für den Blick, den man von dieser Kapelle wie von einer Empore aus in die Kirche werfen kann. Man sieht das Hauptschiff, den Chorumgang, die seitlichen Spitzbögen. Und man spürt hier mehr als sonst, wie gering doch eigentlich die Länge dieser Kirche ist (sie sollte ursprünglich rund 12 Meter länger sein) und – dadurch bedingt – wie erstaunlich hoch sie wirkt.

Über dem Chor, vom Westeingang (und erst recht von der Empore) aus gut sichtbar, prangt in der Apsis ein Bildnis – ein Fresko – Christi als des Allherrschers. Ein solches Bildnis ist zwar typisch für die Cluniazenser, hier aber handelt es sich um eines, das nicht ursprünglich ist, sondern aus dem 14. Jahrhundert stammt. Man wollte noch einmal verdeutlichen, wer der ist, dem man seine Gebete – und mit den Gebeten sich selber – weiht.

Paray-le-Monial ein kleines Cluny? Durch die zwei Westtürme? Durch den hohen Glockenturm über der Vierung? Durch den Altarumgang mit den schlanken, mit Kapitellen reich verzierten Säulen? Durch das Emporstreben der Mauern, der Pfeiler, der spitz zulaufenden Tonnengewölbe? Durch die zum Mitfeiern einladende Liturgie, dem dieses alles dienen soll! Doch diese Liturgie ist nicht mehr da.

Vézelay

Der einfachste Weg von Paray-le-Monial nach Vézelay führt über Macon und die Autobahn A6 Richtung Paris. Diese verläßt man 45 km vor Auxerre bei Avallon. Von dort aus bleiben noch 35 km bis Vézelay.

Schon von weitem grüßt die Basilika. Sie liegt auf einem Hügel – wie Vézelay selbst, heute ein Dorf mit etwa 500 Einwohnern, in früheren Jahrhunderten eine Stadt mit deren

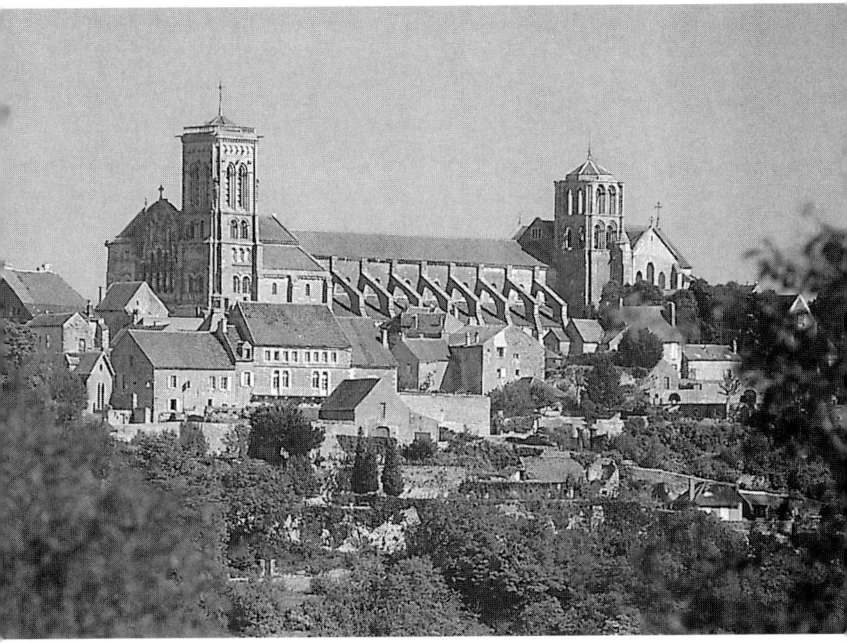

Vézelay: Basilika Sainte-Madeleine

5000. War es doch einmal der meistbesuchte Ort Burgunds. Die Besucher waren Pilger, die auf dem Wege nach Santiago de Compostella hier Station machten. Es waren aber erst recht Wallfahrer, die vor den Reliquien der in Frankreich hochverehrten Maria Magdalena beten wollten. Denn Vézelay rühmte sich, diese zu besitzen, und hatte sich das auch (1050) ausdrücklich vom Papst bestätigen lassen. Man hatte diese Reliquien gegen Ende des 9. Jahrhunderts ihrem mutmaßlichen Grab in St. Maximin in Marseille entnommen und nach Vézelay übertragen. Aus der ursprünglichen Abteikirche wurde deshalb gar bald eine Wallfahrtskirche – bis im 13. Jahrhundert der König von Sizilien und Graf der Provence behauptete, die echten Reliquien seien in St. Maximin verblieben, und – schlimmer noch – der Papst diesmal dem Rivalen recht gab.

Erst gegen Ende des 19. Jahrhunderts (1876) begannen die Wallfahrten nach Vézelay aufs neue. Man hielt daran fest, trotz allem wenigstens über einen Teil der echten Reliquien zu verfügen. Heute sind es vor allem die Studenten von Dijon und Besançon, die hierher pilgern – ähnlich wie, dem Beispiel von Charles Péguy folgend, die Pariser Studenten nach Chartres.

Etwa im Jahre 800 war unterhalb von dem heutigen Vézelay ein Kloster gegründet worden. Die Normannen kamen und verwüsteten es. Die Mönche bauten ein neues Kloster, diesmal auf der Kuppe des Hügels. Dieses wurde im 10. Jahrhundert durch eine Feuersbrunst zerstört. Die Mönche – Benediktiner – ließen sich nicht entmutigen. Sie bauten das Kloster neu und schließlich (angesichts der wachsenden Pilgerzahl) 1096–1104 auch eine neue große Abteikirche, bis auch diese 1120 einem verheerenden Brand zum Opfer fiel. Nicht weniger als tausend Pilger sollen dabei den Tod gefunden haben. Es war der Vorabend des Festes Maria Magdalena – deshalb gab es so viele Besucher in der Kirche.

Ein tatkräftiger Abt betrieb den Neubau einer Basilika. 1146 war sie fertiggestellt: eine der größten romanischen Kirchen Frankreichs. Gegenüber der alten Kirche war ein Narthex – eine Vorhalle – hinzugekommen. Und im Osten schloß etwas später (1215) ein neuer Chor mit fünf Kapellen den Altarraum ab: eines der drei ersten gotischen Bauwerke in Frankreich (neben Sens und Saint-Denis).

Diese neue Kirche brannte zwar nicht ab. Aber die Religionskriege führten zu Plünderungen und Verwüstungen, und ihr Ende brachte wiederum die Französische Revolution. Die Basilika mußte vorübergehend als Ort der Verehrung der Göttin Vernunft und sodann des Höchsten Wesens herhalten. Danach wurde sie dem Verfall preisgegeben. Ein Blitzschlag im Jahre 1819 tat ein übriges. Zurück blieb nicht viel mehr als ein Trümmerhaufen, auf dem Unkraut, Büsche, ja ganze Bäume zu sprießen begannen.

Doch mit der Ernennung des Dichters und Schriftstellers Prosper Mérimée zum „Inspecteur des monuments historiques" schlug die Stunde der Rettung. Er erreichte, daß die Kirche restauriert und, soweit es eben ging, wieder in den alten Zustand versetzt wurde. Viollet-le-Duc besorgte dieses in zwanzigjähriger Arbeit (1840–1860). Und heute ist das, was vor 200 Jahren willentlich dem Verfall preisgegeben wurde, wert, dem Weltkulturerbe der UNESCO zugerechnet zu werden (seit 1979).

Die Frage erhebt sich: Ist es wirklich Cluny, das in dieser Basilika weiterlebt? Gewiß bezogen die Baumeister von Vézelay ihre Anregungen und vielleicht auch ihre Kunstfertigkeit von Cluny. Die Abtei Vézelay gehörte schließlich zum Großverband der cluniazensischen Abteien. 1110 wurde dieses durch Papst Paschalis II. ausdrücklich und förmlich bestätigt – was nicht ausschließt, daß Vézelay sich gegen Ende des 12. Jahrhunderts von dieser „Bevormundung" wieder lossagte. Ein Neffe Abt Hugos von Cluny war 1106–1123 Abt von Cluny, etwas später (1138–1161) ein Bruder von Abt Petrus Venerabilis. Petrus Venerabilis selbst war, bevor er Abt von Cluny wurde, als Studienleiter und dann als Prior in Vézelay tätig – könnte also durchaus die damals durchgeführten oder geplanten Arbeiten mit seinem Rat begleitet und so mit dazu beigetragen haben, daß – wenn man das so ausdrücken darf – das, was zustande kam, allen Unterschieden zum Trotz den Geist von Cluny atmete. In der Tat findet man Vézelay als „die prächtigste der cluniazensischen Abteien" bezeichnet (13). Die Frage aber, ob dies mehr ist als ein Hinweis darauf, daß Vézelay damals eben zur Familie der cluniazensischen Abteien gehörte, kann nur eine Betrachtung des Bauwerks selbst beantworten.

Deshalb sei ein Blick geworfen auf

- die Westfassade und die Vorhalle,
- die Pfeiler im Kircheninneren mit ihren Kapitellen,
- das die Kirche überspannende Gewölbe,
- den gotischen Chor.

Westfassade und Vorhalle

An der *Westfassade* begüßt den müden Pilger der zum Gericht Wiederkehrende: „Strenger Richter aller Sünder, der du uns so schrecklich drohst." So heißt es in einem alten Kirchenlied. Hier ist er abgebildet. Zu seiner Linken – vom Betrachter aus zur Rechten – hat der Drachen bereits sein Maul weit aufgesprerrt, um alle Unholde, Bösewichter, Übeltäter zu verschlingen. Zu seiner Rechten jedoch sind die, denen – dank der Fürsprache Mariens – der Apostel Petrus das Himmelstor öffnet.

Im oberen Bereich der Fassade grüßen Statuen aus dem 13. Jahrhundert. Sie stellen die Krönung Christi zum All-

Vézelay: Westfassade der Basilika

herrscher dar – doch auch die Jungfrau Maria und die Patronin der Kirche, Maria Magdalena, die beiden, die man gottlob als Anwältinnen im Himmel hat.

Bangend und hoffend zugleich durchschreitet der Pilger das Eingangstor. Er befindet sich im Narthex, der *Vorhalle*, eingeladen, um seines Seelenheiles willen alles Anstößige hinter sich zu lassen. Da sieht er in der Mitte Johannes den Täufer, der auf den Armen das Lamm trägt, auf das er hinweist mit den Worten: Seht, er ist das Lamm Gottes; alle Sünde, alle Schuld, alle ausweglose Not nimmt er hinweg. Hier seht ihr nicht – wie draußen an der Fassade – den, der ins Verderben stürzen kann. Hier seht ihr den, der aus allem Verderben erretten kann.

Und dann gewahrt man ihn selbst in dem Tympanon über dem mittleren Eingang zur Kirche. Gott – gewiß, voller Würde und Majestät. Aber nicht der ferne, unendlich andere und darum unerreichbare Gott, der nicht mitempfinden könnte mit unseren Nöten, sondern der Gott mit uns, der Gott bei uns, der Gott unter uns – ein Gott innerhalb von Raum und Zeit, Christus, der unser Bruder geworden ist. Nicht himmlische Scharen umgeben ihn – auch nicht als Gegenbild der Schlund der Hölle, sondern Menschen, Menschen wie er und Menschen wie wir. Die einen, die Apostel, die die frohe Kunde, daß Gott unser Bruder geworden ist, weitersagen. Die anderen, die sie aufatmend vernehmen sollen, auch die fernsten Völker und Nationen, auch die Pygmäen, von denen einer gerade seiner Kleinheit wegen eine Leiter anlegt, um sein Pferd zu besteigen. Alles, was Raum und Zeit in sich birgt, das ganze unermeßliche Universum, soll hören, was geschehen ist.

Der Raum ist dargestellt durch seine Bewohner, die Zeit durch die Sternbilder und die zwölf Monate des Jahres und diese wiederum durch die Arbeiten, die in diesen zwölf Monaten zu verrichten sind. Diese Zeit-Zeichen erscheinen in den Medaillons des mittleren der drei Reliefbänder, die sich über das Tympanon hinziehen. In dem äußeren Reliefband sind es Ornamente, die das Ganze einfassen und verschönern. In dem inneren, dem Christusbild am nächsten gelegenen, wird gezeigt, welches denn die gute Nachricht ist, die zu verkünden den Aposteln aufgetragen ist: Krank zu sein, lahm zu sein, blind zu sein ist nicht die Bestimmung des Menschen. Gott will vielmehr, daß der Mensch heil und damit ganzer Mensch sei und daß er sich seines Menschseins freut. Er ist der Gott, der die Welt erst dann als vollendet ansieht, wenn es keine Trauer mehr gibt und keine Klage, keine Mühsal – und auch nicht mehr den Tod (vgl. Offenbarung 21, 4).

Das rechte Nebenportal zeigt, getragen von dem Verkündigungsengel, in seinem Tympanon Szenen aus der Kindheit Jesu. Er ist also wirklich Mensch geworden. Das linke Nebenportal zeigt Bilder von den Erscheinungen des Auferstandenen: Er ist nicht verschwunden, er hat uns nicht abgeschrieben, er bleibt uns nahe bis ans Ende der Zeiten. Eben das hatten auch die gegenläufigen Spiralformen an Hüfte und Knie der Christusfigur in dem mittleren Tympanon sagen wollen: Er ist unter uns und bleibt bei uns in jeder Hinsicht, ob wir leben oder ob wir sterben.

Das Kircheninnere

Solcherweise begrüßt von dem, der von sich selbst gesagt hat, er sei die Tür, betritt der Besucher das Kircheninnere. Er ist ganz benommen von der Harmonie, der Schwerelosigkeit und der überschwenglichen Größe dieses dreischiffigen Kirchenraumes (Länge 71 Meter ohne Chor und ohne Narthex, Breite 23 Meter, Höhe des Mittelschiffes 18,5 Meter).

Er sieht bewundernd und erfreut das Wechselspiel von rot-bräunlichem und grau-weißem Stein an *Pfeilern* und

Gurtbögen. Er gewahrt das strahlende Licht im gegenüberliegenden Chor – besonders strahlend, wenn früh am Morgen im Osten die Sonne aufgeht. Er entdeckt das aus steinernen Ornamenten gebildete Band, das das ganze Kirchenschiff durchzieht und an allen Bögen wiederkehrt.

Er erblickt die *Kapitelle*, die den Ruhm Vézelays ausmachen. Dort, wo die Pfeiler die Rundbögen tragen, sind sie angebracht, so, als wollten sie ihnen die Last abnehmen oder zumindest erleichtern oder auch verständlich und darum tragbarer machen. Dabei kann man nur jene Kapitelle entziffern, die die Bögen zwischen Haupt- und Nebenschiff tragen (richtiger: mitzutragen scheinen). Die Kapitelle dagegen, die die Bögen über dem Hauptschiff „tragen", sind mit dem bloßen Auge nicht zu „lesen". Es ist, als wollten sie als steinerne Gebete selber Gottes Lob singen – so wie der ganze Kirchenbau – so wie die ganze Schöpfung.

Die Kapitelle – es sind insgesamt fast 200! – suchen die ganze Welt und die ganze Heilsgeschichte einzufangen und Gott mehr noch als dem Besucher darzubringen. Das Alte und das Neue Testament, Heiligenleben, die griechische Mythologie, die Naturgewalten, merkwürdige Symbole – alles ist zugegen: Adam und Eva, Kain und Abel, Noah, Jakobs Kampf mit dem Engel, Mose und das goldene Kalb, David und Goliat, Judit und Holofernes, Daniel in der Löwengrube, die Geschichte von Lazarus und dem reichen Prasser, das prächtige Festmahl des reichen Prassers, Antonius, der Einsiedler, wie er mit Paulus, einem anderen Einsiedler, sein Brot teilt, der heilige Benedikt, der heilige Eustachius, die heilige Eugenia, der heilige Hubertus, der heilige Martin, zwei Zeichen des Tierkreises, nämlich die Waage und die Zwillinge, die vielgenannte mystische Mühle, die vier Winde, die Musik, Dämonen, phantastische Tiere, Odysseus, Gangymed – es will kein Ende nehmen.

Die *mystische Mühle* ist ein eindrucksvolles Beispiel dafür,

Vézelay: Kapitell „Die mystische Mühle"

wie diese Kapitelle zu verstehen sind, nämlich so, daß sie das eine – oberflächlich – sagen und das andere – tiefgründig – meinen. Es ist wie mit dem Sinn der heiligen Schriften: Der wörtliche, der Literalsinn, ist nur der Ausgangspunkt. Dahinter steckt der tiefere Sinn. Auch für Bernhard von Clairvaux „verbirgt die Rinde der Geschichte die Süße der Lehre" (14). Augustinus (und mit ihm Thomas von Aquin) unterschied gar einen vierfachen Schriftsinn: das, was an Taten erzählt, das, was als Glaubensinhalt vorgestellt, das, was als zu Tuendes vorgeschrieben, und schließlich das, was als Zukünftiges vorausgesagt wird (15).

In bezug auf die mystische Mühle mag das folgendes bedeuten: Erzählt wird ein Dreifaches: Einer schüttet die Körner in die Mühle; die Mühle zermahlt sie; ein Dritter verteilt die zu Mehl und so erst genießbar gewordenen Körner. Ihr Glaubensinhalt bedeutet: Was das Alte Testament (Mose) vorbereitet hat, wird durch Christus (die Mühle) verwandelt und durch die Apostel (Paulus) verkündet.

Das Zu-Tuende meint: vor Schmerzen, Anfechtungen, Zermahlenwerden (Mühle) nicht zurückschrecken; denn „durch viele Drangsale müssen wir in das Reich Gottes gelangen" (Apostelgeschichte 14, 22).

Das Zukünftige schließlich: Das Eigentliche, den Sinn, die Erfüllung unseres oft mühevollen Lebens finden wir erst nach dem Durchgang duch die bittere Nacht des Todes.

Die Kapitelle wollen uns jedoch nicht festhalten. Sie wollen uns begleiten. Sie wollen – wie die dekorativen Bänder – verschönern. Sie wollen die Leichtigkeit, ja Schwerelosigkeit dieses Bauwerks unterstreichen, ihm alles Gedrungene nehmen, das Auge einladen, den Blick nach oben zu erheben – immer noch höher hinaus (denn auch dort oben sind noch Kapitelle) – hin zum *Gewölbe*, das alles in sich birgt – so wie das Ewige das Zeitliche umfängt.

Früher gab es hier einmal eine Holzdecke. Sie verbrannte bei der Feuersbrunst, die 1120 Kirche und Pilger heimsuchte. Doch statt diese wieder durch eine Holzdecke zu ersetzen, schufen die Baumeister etwas Neues: ein Gewölbe aus Stein. So wie Gott in Jesus die menschliche Natur angenommen hat, so die Gewölbe das Material, aus dem auch Wände und Pfeiler bestehen. Und sie tun es, ohne doch ihre bergende Funktion zu verleugnen. Im Gegenteil: Sie tun es, um diese zu unterstreichen – so wie Gott den Menschen in Jesus seine bergende Nähe spüren, erleben, mit eigenen Augen sehen lassen wollte. Die Ewigkeit, die in den Kreisen und Kreisausschnitten, den Bögen und Rippen ihren sichtbaren Ausdruck findet, ist gekommen, das Zeitliche an sich zu binden, so sehr, daß das eine ohne das andere fortan nicht mehr sein kann. „Pas d'éternité que le temps ne prépare", schreibt Henri de Lubac (16). Es gibt keine Ewigkeit, die nicht von der Zeit vorbereitet würde. Und es gibt keine Zeit, die nicht ohne die Ewigkeit sinnlos wäre. Ohne die sie auffangende Ewigkeit wäre die Zeit wie Säulen, die einsam in den Himmel starren, nicht wissend, wozu sie da sind.

Doch noch ist die Vollendung nicht da. Noch sind wir alle unterwegs, unterwegs zum Licht, das uns aus dem *gotischen Chor* entgegenstrahlt. Seine Baumeister haben bewerkstelligt, was der frühere romanische Chor zu leisten nicht imstande war: ein Minmum an Steinen, ein Maximum an Licht.

Dieser Chor selbst ist nicht die Vollendung. Er ist die Verheißung der Vollendung. Weiß sind seine Mauern – denn weiß ist die Summe aller Farben, so wie das, was der Chor repräsentiert, die Summe aller Erwartungen darstellt. Will er doch Abbild des himmlischen Jerusalem sein, so wie die Geheime Offenbarung, die dem Seher auf Patmos zuteil wurde, es beschreibt: „Und ich sah: Ein Thron stand im Himmel. Und rings um dem Thron standen vierundzwanzig

Throne, und auf den Thronen saßen vierundzwanzig Älteste in weißen Gewändern" (Offenbarung 4, 2–4).

In der Mitte des Chores: der Altar, umgeben von acht Säulen, die selber ein von Bögen und Fenstern durchbrochenes Mauerwerk tragen und dort, wo das Mauerwerk beginnt, in jeweils drei – zusammen also 24! – den Mauern vorgelagerte Säulen übergehen. „Und sieben lodernde Fackeln brannten vor dem Thron; das sind die sieben Geister Gottes" (Offenbarung 4, 5).

Sieben ist die Zahl der Gewölbe, die von einem über dem Altar liegenden gemeinsamen Mittelpunkt aus nach außen gehen. Schließlich erfährt der Seher noch „die Zahl derer, die mit dem Siegel gekennzeichnet waren, das den Dienern Gottes auf die Stirn gedrückt wurde. Es waren hundertvierundvierzigtausend, die das Siegel trugen" (7, 3 f).

Es sind tatsächlich 144 Säulchen, die im Hintergrund des – aus fünf Kapellen gebildeten – Kapellenkranzes den Chor und damit den Altar umsäumen, wie ein Teppich, gewoben aus den Dienern Gottes, die das Siegel tragen.

Das also ist das Ziel unserer irdischen Wanderung, das Ziel auch des Besuchs dieser Basilika: Unser Unterwegssein – das, wie die Kapitelle dieser Kirche zeigen, begleitet ist von Freud und Leid und rätselhaften, nicht zu begreifenden Fabelwesen – geht nicht ins Leere, ist nicht umsonst, führt vordergründig hin zu diesem Chor, dessen Lichterfülle uns mehr noch als seine Zahlensymbolik so magisch anzieht, und damit letztlich zu dem, dessen Abbild dieser Chor sein will: dem himmlischen Jerusalem, dem Ort, wo Gott selbst in seinem Sohn, der unser Bruder wurde, jener Mittelpunkt ist, auf den alle Hoffnungen, Wünsche und Gebete zulaufen. Ist er doch der, von dem geschrieben steht: „Würdig bist du – und niemand sonst! –, das Buch zu nehmen und seine Siegel zu öffnen" (vgl. Offenbarung 5, 9) – und so den endgültigen, bleibenden, keine Unausgefülltheit zurücklassenden Sinn aller Ge-

Vézelay: Chorkapellen der Basilika

schichte zu enthüllen, auch den Sinn von all dem, was wir Menschen selbst angerichtet haben und was uns widerfahren ist.

Erst dann, wenn er die sieben Siegel öffnet, mit denen das Buch der Geschichte und unseres Lebens versiegelt ist, wird Gott alles in allem sein. Und der Mensch – jeder Mensch! – wird staunend und dankbar erkennen: Nur wenn Gott selbst alle meine Tränen abwischt (vgl. Offenbarung 21, 4), hat das Fragen, Leiden, Verzweifeln ein Ende. Nur auf Gott hin und durch ihn kann ich ganzer Mensch sein – vollendeter Mensch, Mensch, so wie Gott mich haben will und wie ich selbst es in meinen geheimsten und kühnsten Träumen kaum zu sein erhoffte.

Darf man nach diesem kurzen Blick auf und in die Basilika von Vézelay sagen, Cluny lebe in Vézelay weiter? Man darf es – aber nicht in dem Sinne, daß Cluny einfach kopiert würde, sondern indem Cluny weiterentwickelt wird – was ja ohnehin Kennzeichen des Lebens ist! –, und zwar radikal. Indem nämlich aus dem Gott der äußeren Fassade der Gott des inneren Tympanon in der Vorhalle wird, aus dem Gott, der droht, ein Gott, der einlädt, aus dem Gott, der angst macht, ein Gott, der von der Angst befreit.

Anmerkungen

Citeaux

(1) Georges Duby, Der heilige Bernhard und die Kunst der Zisterzienser, Stuttgart 1981, 101

(2) Ebd., 109

(3) H. P. Eydoux, Die Zisterzienserbauten und die Architektur des 12. Jahrhunderts, in: Joseph Lortz (Hg.), Bernhard von Clairvaux. Mönch und Mystiker, Wiesbaden 1955, 225 ff, hier 227

(4) Georges Duby, Eine andere Geschichte, Stuttgart 1992, 29

(5) Zitiert nach Georges Duby, Die Zeit der Kathedralen, Frankfurt/M. 1980, 213

(6) Duby, Bernhard, aaO., 7

(7) Ebd., 118

(8) Nämlich Jakob von Vitry; hier zitiert nach Adam Wienand, Über die Entstehung und Frühzeit der Cistercienserinnen-Klöster, in: A. Schneider / A. Wienand / W. Bickel / E. Coester (Hg.), Die Cistercienser, Köln 1974, 343 ff, hier 351

(9) Georges Duby nennt die Zeit von 1190 bis 1250 „das Zeitalter der Vernunft“; vgl. Duby, Die Zeit der Kathedralen, aaO., 234

(10) Nach Duby, Bernhard, aaO., 57

(11) So Franz-Karl von Linden, Die Zisterzienser in Europa, Stuttgart/Zürich 1997, 173

(12) De consideratione ad Eugenium Papam 3, 4, 16. (= S. Bernardi Opera, hg. v. J. Leclercq u. a., Roma 1957 ff, Bd. III, 443, Z. 15 ff); hier zitiert nach Peter Dinzelba-

cher, Bernhard von Clairvaux. Leben und Werk des berühmten Zisterziensers, Darmstadt 1998, 347

(13) So Henry Paul Eydoux, aaO., 227

(14) Joseph Lortz (Hg.), aaO., Einleitung (von J. Lortz selbst), XV

(15) So J. Lortz, aaO., XIII

(16) So Peter Dinzelbacher, aaO., 33 f

(17) Nach Duby, Bernhard, aaO., 165

(18) Hier zitiert nach Dinzelbacher, aaO., 238. Die neue Einheitsübersetzung bringt eine etwas andere Version: „Glaubt ihr nicht, so überlebt ihr nicht."

(19) Augustinus, Bekenntnisse XI, 9, 11; vgl. auch X, 27, 38: Tetigisti me et exarsi – du hast mich berührt, und ich brenne.

(20) Zu dem historischen Ablauf der Auseinandersetzung zwischen Bernhard und Abaelard vgl. das Kapitel „Abaelard und Bernhard" in: Arno Borst, Barbaren, Ketzer und Artisten. Welten des Mittelalters, München/Zürich 1988, 351–376, sowie Dinzelbacher, aaO., 41 f und 50 ff. Vgl. auch Jacques Le Goff, Die Intellektuellen im Mittelalter, München 1993, 41 ff

(21) Borst, aa0., 375 f. Zurückhaltender (und vielleicht auch zutreffender) ist das Urteil von Friedrich Heer: „Bernhard von Clairvaux sieht in Abälard den Sieger der Zukunft: den großen Schuldigen für die Intellektualisierung und Entchristianisierung der Theologen und aller Wissenschaft, die an die Stelle der Weisheit und Frömmigkeit tritt" (in: F. Heer, Mittelalter von 1100 bis 1350, Zürich 1961, 185)

(22) So Bernhard Mc Ginn, Mystik im Abendland, 2 Bde., Freiburg 1994/96, hier Bd. 2, 250; zitiert nach A. Angenendt, Geschichte der Religiosität im Mittelalter, Darmstadt 1997, 548. Vgl. auch: Angenendt, aaO., 57,

wonach Mc Ginn Bernhard „zu den größten Mystikern der abendländischen Christenheit“ zählt.

(23) So Kurt Ruh, Geschichte der abendländischen Mystik, 3 Bde, München 1990–96, Bd 1, 249; zitiert nach Angenendt, aaO., 175

(24) Ich verdanke diesen Hinweis Markus Vinzent, Ruinen. Faszination der Stille, Würzburg 1987, 22

(25) So Henri de Lubac, De la connaissance de Dieu, Paris o.J., 135

(26) Zitiert nach Terryl N. Kinder, Die Welt der Zisterzienser, Würzburg 1997, 85.

(27) Nach Duby, Kathedralen, aaO., 208

(28) So Duby, Bernhard, aaO., 8

(29) Epistola 21, 2 (= Opera VII, 71, 23ff); hier zitiert nach Dinzelbacher, aaO., 115

(30) Epistola 20 (= Opera VII, 70, 9); hier zitiert nach Dinzelbacher, aaO., 98

(31) Epistola 124, 1 (= Opera VII, 305, 14); hier zitiert nach Dinzelbacher, aaO., 141

(32) De consideratione 2, 6, 11 (= Opera III, 418, 9f) und De consideratione 4, 3, 6 (= Op. III, 453, 16ff); hier zitiert nach Dinzelbacher, aaO., 344, 349

(33) So Kaspar Elm, Mich ängstigen meine Werke. Das paradoxe Leben des Bernhard von Clairvaux, FAZ Nr. 292 vom 15. Dez. 1990

(34) So Joseph Lortz, aaO., X, sowie Joseph Lortz, Geschichte der Kirche, Band I, Münster 1962, 352

(35) Dinzelbacher, aaO., 2

(36) Epistola 239 = Opera VIII, 120, 5; hier zitiert nach Dinzelbacher, aaO., 273

(37) Vita prima 2, 4, 25; hier zitiert nach Dinzelbacher, aaO., 275

(38) Duby, Kathedralen, aaO., 206

(39) Elm, Mich ängstigen…, FAZ, aaO.

(40) So Bernhard in seiner Epistola 12 (= Op. VII, 62, 1 ff); vgl. Dinzelbacher, aaO., 151

(41) Nach seiner Epistola 250, 4 (= Op. VIII, 147, 2), zitiert bei: Jürgen Miethke, Die Anfänge des Zisterzienserordens, in: K. Elm / P. Joerißen / H. J. Roth (Hg.), Die Zisterzienser. Ordensleben zwischen Ideal und Wirklichkeit, Bonn o. J. (1980), 41–55, hier 55, sowie bei: Dinzelbacher, aaO., 65 und 336

(42) Nach J. Lortz, Bernhard, aaO., XIII

(43) Ausführlicher habe ich anläßlich der 30 Jahre, die seit Beendigung des Konzils verstrichen waren, in einem Aufsatz berichtet, der im November 1995 in der Zeitschrift „Renovatio" erschienen ist, 51 (1995), 193–203. Die nachstehenden Bemerkungen zur Kirchenkonstitution des Konzils lehnen sich zum Teil daran an.

(44) Joseph Ratzinger, seinerzeit Konzilstheologe, jetzt Präfekt der Glaubenskongregation, hat zu jeder der vier Sitzungsperioden des Konzils einen im Verlag Bachem (Köln) erschienenen Bericht verfaßt. Die Titel sind: Die erste Sitzungsperiode des Zweiten Vatikanischen Konzils. Ein Rückblick. Köln 1963; Das Konzil auf dem Weg. Rückblick auf die zweite Sitzungsperiode des Zweiten Vatikanischen Konzils, Köln 1964; Ergebnisse und Probleme der dritten Konzilsperiode, Köln 1965; Die letzte Sitzungsperiode des Konzils, Köln 1966. Diese Bändchen werden zitiert in der Reihenfolge ihres Erscheinens als I, II, III und IV.

(45) „LG" sind die Anfangsbuchstaben der beiden ersten Worte, mit denen die lateinische Fassung der Kirchenkonstitution beginnt, nämlich „Lumen gentium". Die nachfolgende arabische Ziffer gibt den jeweiligen Artikel an.

(46) Nachzulesen bei Lortz (Hg.), Bernhard, aaO., 76–119

(47) Martin Buber, Begegnung. Autobiographische Fragmente, Heidelberg 1986, 56

(48) Dazu Martin Buber, Zwei Glaubensweisen, 2. Aufl., Gerlingen 1994, 179, sowie M. Buber, Gottesfinsternis, Zürich 1953, bes. 21 und 31
(49) Buber, Zwei Glaubensweisen, aaO., 138
(50) Ebd., 138
(51) Freiburg 1988
(52) Ebd., 109
(53) Ebd., 127
(54) Ebd., 129
(55) Eugen Biser, Paulus – Zeuge, Mystiker, Vordenker, München 1992, 379
(56) Eugen Biser, Glaubenswende – Eine Hoffnungsperspektive, Freiburg i. Br. 1987, 28 f
(57) Hier zitiert nach: Karl H. Neufeld, Die Brüder Rahner, Freiburg/Basel/Wien 1994, 365
(58) Josef Sudbrack, Christliche Begegnungsmystik, in: Wolfgang Böhme (Hrsg.), Zu dir hin – Über mystische Lebenserfahrung, 2. Aufl., Frankfurt/M. 1989, 141–159, hier 159
(59) Eugen Biser, An der Schwelle zum dritten Jahrtausend, in: Geist und Leben, Heft 2/1996, 98 ff, hier 102
(60) Eugen Biser, Einweisung ins Christentum, 2. Aufl., Düsseldorf 1998, 191
(61) Sermones super cantica canticorum XXIII, 14 (= Op. I, 147, 23) und: De consideratione 5, 14, 30; hier zitiert nach Angenendt, aaO., 175
(62) Ebd., 140
(63) So Lortz (Hg.), Bernhard, XXXIX; vgl. hierzu auch Borst, aaO., bes. 374
(64) Wörtlich schreibt darum Jürgen Miethke, aaO., 53: „Etwa in seiner berühmten Predigt vor den Pariser Scholaren (De conversione ad clericos) wird deutlich, daß er dem Wissenwollen um des Wissens willen, daß er der theologischen Spekulation, daß er der Wissenschaft zutiefst skeptisch, ja fremd gegenüberstand. Das konnte

seine tiefe Wirkung auf junge Kleriker im Bereich der Schulen nicht schmälern, vermochte er doch gerade mit seiner Ablehnung kalter Begriffszergliederung an den Glaubenswahrheiten, mit seiner Forderung nach praktischem Glaubensvollzug hier ein dauerndes Bedürfnis zu befriedigen: gerade unter den Schülern hat Bernhard immer wieder erfolgreich Nachwuchs für die Zisterzienser geworben und gefunden."

(65) De consideratione 5, 14, 32 (= Op. III, 488, 20 ff); hier zitiert nach Dinzelbacher, aaO., 355

(66) So Eugen Biser, An der Schwelle…, aaO., 102. Ähnlich ders. in seinem Beitrag „Das Spiegelkabinett – Wohin führt die Rechtfertigungsdebatte?" in: Stimmen der Zeit, Heft 6/1998, 375 ff, wo er erneut hinweist „auf die Gottesentdeckung Jesu, mit der er in revolutionärer Kühnheit den aus Angst und Hoffnung gewobenen Schleier vom Geheimnis des Göttlichen entfernte, um darin das Antlitz des bedingungslos liebenden Vaters zum Vorschein zu bringen" (379).

(67) So Angenendt, aaO., 119

(68) So Biser, An der Schwelle…, aaO., 102

(69) Thérèse von Lisieux, Selbstbiographische Schriften, Einsiedeln 1981, 185

(70) Zitiert nach Mario Baudouin-Croix, Léonie Martin. Une vie difficile, Paris 1989, 117

(71) Thérèse, Selbstbiographische Schriften, aaO., 275

(72) Nach Thomas Schmitt-Ferschweiler, Johannes Paul II. und Thérèse von Lisieux, in: Internationale katholische Zeitschrift Communio, 26 (1997), 330–337, hier 330 f

(73) Joseph Ratzinger, Einführung in das Christentum, München 1968, 231 f

(74) Biser, Einweisung…, aaO., 245, 230, 243

(75) Diözesanforum Münster, Kommission 1 „Glauben und

Leben“, hrsg. v. Bischöflichen Generalvikariat Münster, Dialogverlag Münster i.W. 1998, 4

(76) Z. B. Thomas Pröpper, Erlösungsglaube und Freiheitsgeschichte, München 1997, sowie Karl Frielingsdorf, Der wahre Gott ist anders.Von krankmachenden zu heilenden Gottesbildern, Mainz 1997

(77) Der vollständige Text dieser Erklärung ist nachzulesen in: Herder-Korrespondenz Heft 4, 1997, 191 ff

(78) Joseph Kardinal Ratzinger, Wendezeit für Europa? Diagnosen und Prognosen zur Lage von Kirche und Welt, Einsiedeln/Freiburg 1991, 112

(79) So Angenendt, aaO., 119

(80) Nach Angenendt, aaO., 136

(81) Zitiert nach Duby, Kathedralen, aaO., 99 f

(82) So Angenendt, aaO., 97

(83) Cur Deus homo 1, 24; hier zitiert nach: Dinzelbacher, aaO., 79

(84) Sermo in nativitate domini V,3 (= Op. IV, 268, 5); hier zitiert nach Angenendt, aaO., 98

(85) Super cantica 16, 5, 7 (= Op. I, 93, 22 ff); hier zitiert nach Dinzelbacher, aaO., 184

(86) Nach Dinzelbacher, aaO., 184; Dinzelbacher verweist dazu auf Bernhards Exordium magnum 2, 5

(87) Ad clericos de conversione 4, 6 (= Op. IV, 74, 9); hier zitiert nach Dinzelbacher, aaO., 235

(88) So in seiner Epistola 77, 8; hier nach Dinzelbacher, aaO., 112

(89) Super Cantica 83, 3 (Op. II, 299, 27 ff); hier zitiert nach Dinzelbacher, aaO., 179

(90) Hier zitiert nach Bernhard von Clairvaux, hg. und übers. v. Bernardin Schellenberger, Olten und Freiburg 1982, 81. Schellenberger entnimmt dieses Zitat der 36. Predigt über das Hohelied (Cantica).

(91) Nach Dinzelbacher, aaO., 182

(92) So Angenendt, aaO., 136; Angenendt zitiert dazu aus den Sermones super cantica canticorum LXXIII, 5 (= Op. II, 236, 16): „Gott Vater selbst hat die richterliche Gewalt nicht deshalb seinem Sohn übertragen, weil er sein Sohn, sondern weil er der Menschensohn ist…, daß die Menschen durch einen Menschen gerichtet werden.“ Vgl. auch Angenendt, aaO., 730: „Die Predigten Bernhards von Clairvaux († 1153) suchen die Angst vor dem richtenden Christus zu mildern, ja Vertrauen dadurch zu wecken, daß der zum Gericht Wiederkommende als Mensch auftrete.“ Dabei bezieht sich Angenendt auf Sermo super cantica caticorum 73, II, 5 und III, 8 (= Op. II, 236, 16 und 238, 14).

(93) Sermones super cantica canticorum LXXIII, 5 (= Op. II, 236, 16); hier zitiert nach Angenendt, aaO., 136

(94) Ebd., 99

(95) Gertrud die Große von Helfta, Gesandter der göttlichen Liebe, ungekürzte Übersetzung von Johanna Lanckowski, Heidelberg 1989, 18

(96) Lanckowski gibt nicht an, wo dieses Zitat bei Bernhard zu finden ist. Ebenso vermerkt die in der Reihe „Sources Chrétiennes“ 1968 in Paris erschienene lateinisch-französische Ausgabe der Werke Gertruds in tome II, p. 240, zu dieser Stelle: „Texte non identifié“. Es ist also nicht hundertprozentig sicher, daß dieser Text von Bernhard selbst so formuliert wurde. Sicher ist nur, daß er für ein Bernhard-Zitat gehalten wurde – und das von einer Schülerin, die nur 100 Jahre später als Bernhard lebte und ganz in seinem Geiste aufgewachsen und erzogen war. Und wenn es nicht von Bernhard selbst ist, dann eben von seiner Schülerin und in gewisser Weise auch Erbin.

Fontenay: Statue „Unsere liebe Frau“

Taizé

(1) Wörtlich sagte der Papst: „Man kommt nach Taizé wie an den Rand einer Quelle. Der Reisende hält ein, löscht seinen Durst und setzt seinen Weg fort." Hier zitiert nach Frère Roger, Taizé, Die Quellen von Taizé. Liebe aller Liebe, Freiburg/Basel/Wien 1996, 106

(2) So läßt Erika Lorenz Johannes vom Kreuz sprechen, in: E. Lorenz, Licht der Nacht. Johannes vom Kreuz erzählt sein Leben, Freiburg/Basel/Wien 1990, 16

(3) Frère Roger erhielt folgende Auszeichnungen: Friedenspreis des deutschen Buchhandels (1974), Templeton-Preis um Verdienste im religiösen Bereich (1974; Mutter Teresa hatte diesen Preis zwei Jahre zuvor erhalten), UNESCO-Preis für Friedenserziehung (1988), Karlspreis der Stadt Aachen (1989), Robert-Schuman-Preis (1992)

(4) Es ist so, als habe Taizé schon vorweggenommen, was das Diözesanforum des Bistums Münster/W. empfiehlt; eine Empfehlung, die Bischof Lettman sich ausdrücklich zu eigen gemacht hat. Wörtlich heißt es in den Empfehlungen der Kommission 1 („Glauben und Leben") auf S. 4: „Angesichts der unterschiedlichen Lebensumstände heutiger Menschen ist es notwendig, jeden Menschen in seiner jeweiligen Situation ganz ernst zu nehmen und seine je eigene Würde und Freiheit vorbehaltlos zu bejahen. Wichtig ist es, dem einzelnen Menschen wirklich zuzuhören und sich in die Situation des anderen hineinzufühlen, um nicht Antworten zu geben, die zwar theologisch korrekt sein mögen, den Gesprächspartner aber nicht erreichen oder ihn überfordern." Hrsg. vom Bischöflichen Generalvikariat Münster im Dialog-Verlag Münster 1998. – Frère Roger selbst sagte einmal: „Mein Leben besteht darin, her-

auszufinden, was die anderen quält und was sie freut, ihre Leiden und ihre Freuden zu teilen." Zitiert nach Kathryn Spink, Frère Roger – Gründer von Taizé. Leben für die Versöhnung, 3. Aufl., Freiburg 1994, 9

(5) Über die Geschichte von Taizé berichtet ausführlich Kathryn Spink, aaO. Einen kürzeren Hinweis auf „Taizé von den Anfängen bis heute" findet man auf den Seiten 102–110 als Anhang zu: Frère Roger, Die Quellen von Taizé, Freiburg/Basel/Wien 1996, sowie auf den Seiten 93–95 als Anhang zu: Mutter Teresa / Frère Roger, Gebet. Quelle der Liebe, Freiburg/Basel/Wien, 4. Aufl. 1996

(6) Zitiert nach Spink, aaO., 163 f

(7) Frère Roger, In allem ein innerer Friede, Freiburg/Basel/Wien 3. Aufl. 1998, 171

(8) Zitiert nach Spink, aaO., 173

(9) Frère Roger, In allem…, aaO., 180

(10) Ebd., 37

(11) Ebd., 204

(12) Ebd., 49

(13) Ebd., 56

(14) Ebd., 145

(15) Ebd., 6

(16) Ebd., 122

(17) Ebd., 199; vgl. 67, 17

(18) Ebd., 197

(19) Ebd., 47

(20) Ebd., 62

(21) Ebd., 139

(22) Ebd., 12

(23) Ebd., 123

(24) Ebd., 84

(25) Frère Roger, Jeder Tag ein Heute Gottes, Freiburg/Basel/Wien, 2. Aufl. 1993, 84

(26) Ebd., 34
(27) Ebd., 39
(28) Zitiert nach Spink, aaO., 124

Cluny

(1) Max Weber, Die protestantische Ethik I, Eine Aufsatzsammlung, hg. von Johannes Winckelmann, 3. Aufl. Hamburg 1973, 134 f
(2) Zitiert nach Duby, Bernhard, aaO., 37
(3) Georges Duby, Eine andere Geschichte, Stuttgart 1992, 40f
(4) Duby, Bernhard, aaO., 38
(5) Ebd., 61
(6) Hier zitiert nach Robert Maria Saur O. Cist., Glühen ist mehr als Wissen – Bernhard von Clairvaux, Stein am Rhein 1977, 246; vgl. auch Dinzelbacher, aaO., 85 f., der auf Apologia 11, 27 (= Op. III, 103, 16 ff) verweist.
(7) So J. Miethke, aaO., 50 f
(8) Nach Dinzelbacher, aaO., 86, der dazu auf Apologia 12, 28 (= Op. III, 104, 11 und 105, 14 ff) verweist.
(9) So Angenendt, aaO., 57
(10) Ebd., 119
(11) Zitiert nach Duby, Bernhard, aaO., 84
(12) Nach Dinzelbacher, aaO., 263; D. verweist dazu auf Petrus Venerabilis, Epistola 111, ed. G. Constable, The Letters of Peter the Venerable, Cambridge, Mass. 1967, I, 280
(13) So Christopher Brooke, Die große Zeit der Klöster (1000–1300), Freiburg/Basel/Wien 1974, 70
(14) Nach Duby, Bernhard, aaO., 90
(15) Ein spätmittelalterliches Distichon drückte – halb volkstümlich – die Lehre vom Schriftsinn so aus:

Cluny: Kapitelle im erhaltenen südlichen Seitenschiff

„Littera gesta docet, quid credas allegoria,
Moralis quid agas, quo tendas anagogia.
Der Buchstabe lehrt das Geschehene;
was zu glauben ist, die Allegorie;
was zu tun der moralische Sinn;
wohin zu streben die Anagogie."
Nach Henri de Lubac, Der geistige Sinn der Schrift, Einsiedeln 1952, 13

(16) Henri de Lubac, De la connaissance de Dieu, Paris o. J., 158

Die besonderen Reisebegleiter

Rolf Kuhlmann
Der Athos
Auf den Spuren einer Faszination
160 Seiten. Paperback
ISBN 3-7820-0783-2

Das Buch führt den Leser in die faszinierende Welt der Mönchsrepublik des Athos ein. Es öffnet den Blick für diese eindrucksvolle Welt der Klöster und Einsiedeleien in Nordgriechenland, die ein ganzes Stück Byzanz und ein Relikt urchristlichen Geistes darstellen. In persönlichen Gesprächen mit den Mönchen, in Erlebnissen und Erfahrungen des Autors spricht sich in authentischer Weise etwas von den Geheimnissen des Athos, seiner Geschichte und bleibenden Faszination aus.

Walter Repges
Assisi – Siena – Montecassino
Unterwegs mit Franziskus und Clara, Katharina und Benedikt
192 Seiten, Paperback
ISBN 3-7820-0765-4

In Mittelitalien lebten, wirkten und hinterließen große Gestalten des christlichen Abendlandes bis in die Gegenwart ihre Spuren: Franz und Clara von Assisi, Katharina von Siena und Benedikt von Nursia. Dieser Reisebegleiter begibt sich auf den inneren Weg zu diesen Persönlichkeiten, um das heutig sichtbare der jeweiligen Stätten verstehen zu können. Repges, ehemaliger Diplomat am päpstlichen Hof, erläutert die spirituellen Hintergründe der Plätze und baulichen Zeugen jener Zeit.

Verlag Josef Knecht Frankfurt/Main

Die besonderen Reisebegleiter

Walter Repges
Nach Spanien reisen, um Gott zu finden
Auf den Spuren der Mystiker
208 Seiten, Paperback
ISBN 3-7820-0747-6

Ein persönlicher Reisebegleiter, der dem Leser auf einer gleichermaßen literarischen wie meditativen Reise Gesellschaft leistet. Er führt durch wunderschöne Landschaften, an denen man mehr über das Leben des Ignatius von Loyola, der Teresa von Avila und des Johannes vom Kreuz erfährt. Mit diesem Reisebegleiter begegnet der Leser auch dem Denken, Empfinden und Handeln dieser glaubwürdigen Menschen, aus deren Lebensfülle er Kraft und Zuversicht schöpfen kann.

Karl Maly
Griechenland
Mythen, Götter und Mönche
243 Seiten, Paperback
ISBN 3-7820-0768-9

Dieser Reiseführer bringt den Reichtum der griechischen Mythologie, die faszinierende Welt der Götter und Helden der Antike zur Sprache und ins Bild. Die unübertroffene Ausdruckskraft antiker Plastiken und Kulturstätten werden dem Leser in ihrer reichhaltigen Bedeutung erschlossen. Ein zweites Spektrum entfaltet sich dann in der Begegnung mit der byzantinischen Welt, ihrer Kunst und ihrem unverwechselbaren Kult. Auf den Spuren des Göttlichen im Quell des Abendlandes – ein religiöser und kultureller Reisebegleiter durch Griechenland.

Verlag Josef Knecht Frankfurt/Main

Die besonderen Reisebegleiter

Kurt Benesch
Santiago de Compostela
Die vier Jakobswege
192 Seiten, Paperback
ISBN 3-7820-087-3

Santiago de Compostela – einer der bedeutendsten und traditionsreichsten Wallfahrtsorte der Christenheit. Aus ganz Europa ziehen seit dem Mittelalter Pilger zum Grab des Apostels Jakobus. Dabei haben sich vier große Wege gebildet, auf denen sich die Menschen – aus Deutschland, Italien, Schweiz oder Nordeuropa kommend – sammelten, bis sie in Puenta la Reina auf den eigentlichen Pilgerweg, dem Königsweg, trafen. Er führt u. a. über Estella, Logrono, Villafranca, Burgos und León nach Santiago. Dieser Reisebegleiter vermittelt ein facettenreiches Bild der Geschichte, der spirituellen Idee und lebendigen Gegenwart der Jakobswege.

Anton Rotzetter/Elisabeth Bernet
Latium – Umbrien – Toskana
Wanderungen auf den Spuren des Franz von Assisi
256 Seiten, Paperback
ISBN 3-7820-0784-0

Anton Rotzetter, franziskanischer Theologe und – zusammen mit Elisabeth Bernet – langjähriger Reisebegleiter, führt zu den Orten und Landschaften des Franz von Assisi. In Umbrien, in der Toskana, in Latium und insbesondere im Rieti- und Spoleto-Tal war Franziskus, der wandernde Prophet, oft unterwegs und hat hier seine Spuren hinterlassen. Dieses Reiselesebuch läßt viel von dem Zauber ahnen, der immer noch in den Orten und Tälern zu spüren ist. Es lädt ein, sich mit Franz von Assisi auf den äußeren und inneren Weg zu machen.

Verlag Josef Knecht Frankfurt/Main

Die besonderen Reisebegleiter

Otto F. A. Meinardus
Das Heilige Land
Auf den Spuren Marias von Nazaret
192 Seiten, Paperback
ISBN 3-7820-0806-5

Obwohl die Bibel nicht viel über das Leben Marias berichtet, haben sich über die letzten zwei Jahrtausende eine Vielzahl von Überlieferungen und Legenden gebildet, die von Gläubigen im Osten und Westen durch ihre Visionen bereichert worden sind. Ihren Spuren geht dieser Reisebegleiter nach. Der Begriff „Heiliges Land“ umfaßt alle jene geographischen Gebiete im östlichen Mittelmeerraum, in denen sich biblische und lokal überlieferte heilsgeschichtliche Ereignisse abgespielt haben.

Klaus Schäfer
Jerusalem
Unterwegs in die heilige Stadt der Juden, Christen und Muslime
288 Seiten, Paperback
ISBN 3-7820-0816-2

Jerusalem – Heilige Stadt dreier Weltreligionen, Zeugnis jahrtausendealter Kultur, Brennpunkt vielfältiger Interessen, Mächte und Utopien. Dies ist ein Reisebegleiter für Jerusalembesucher, die mehr sehen und hören wollen als das, was ein Pauschalurlaub bieten kann.

Ein Reisebericht und Reisebegleiter, der durch seine Authentizität besticht und dazu einläd, ihm zu folgen. Er inspiriert den Reisenden, nicht nur Beobachter und Betrachter zu sein, sondern dieser Stadt und ihrem Leben zu begegnen. Ein faszinierender Besuch in der wohl berühmtesten Stadt des Erdballs.

Verlag Josef Knecht Frankfurt/Main